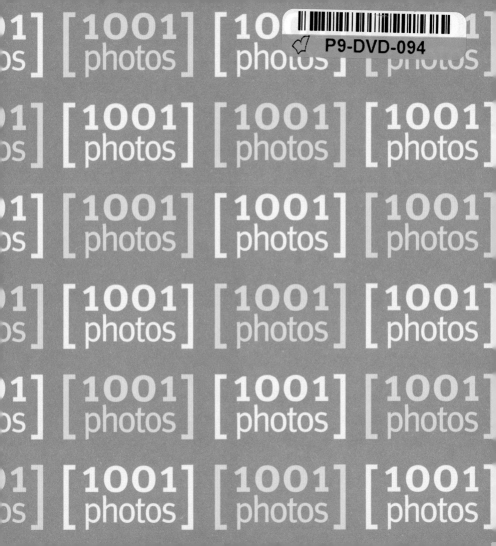

La France des villages
[1001] photos

Conçu et réalisé par Copyright
pour les Éditions Solar

Textes : Nicolas Moreau-Delacquis

Conception graphique : Gwénaël Le Cossec

Mise en pages : Gwénaël Le Cossec

Coordination éditoriale : Marie Baumann

Photogravure : Peggy Huynh-Quan-Suu

La France des villages
[**1001**]
[photos]

Sommaire

Les témoins de l'histoire

Au bord de l'eau

Au pied des montagnes

Les trésors des campagnes

Entre charme et insolite

Introduction

La France est le pays d'Europe qui compte le plus grand nombre de communes. On en recense près de 37 000, soit presque trois fois plus qu'en Allemagne, et près de cinq fois plus qu'en Italie ou en Espagne. Plus des trois quarts des bourgades accueillent moins de 2 000 habitants, tandis que plus de 10 000 villages en comptent moins de 200 ! Ces milliers de villages fortement ancrés dans les terroirs, affichent partout une véritable identité. Malgré cette apparente diversité, des traits communs rassemblent beaucoup de lieux emblématiques. Dans ces villages perchés, lacustres, colorés, médiévaux, fortifiés, volcaniques ou encore troglodytiques, on retrouve souvent les mêmes types d'architectures ou de dessins géométriques des rues. Des lacs aux vignes en passant par la mer, la montagne, ou la campagne, découvrez l'exceptionnel patrimoine historique et naturel des villages de France. Par l'image, cette sélection vous présente les sites les plus caractéristiques ou les plus insolites. Une floraison soignée ou un décor paysager préservé servent d'écrin à ces merveilleuses cités. Ce charme unique et envoûtant explique certainement pourquoi la France demeure la première destination touristique au monde. L'exode rural est bel et bien révolu, et l'on assiste à un repeuplement progressif de nos localités les plus pittoresques, initié par nos cousins britanniques et néerlandais en mal de dépaysement. Un mode de vie qui fait la part belle aux produits gastronomiques locaux, rythmé par des fêtes et coutumes ancestrales. Il suffit de prendre son temps pour découvrir les facettes des villages incontournables ou des contrées plus méconnues.

Les témoins de l'histoire

Le village de Najac s'étire
sur un éperon boisé stratégique
surplombant les méandres des
gorges de l'Aveyron.

Forcément spectaculaires, ces cités du vertige suscitent l'admiration. D'abord pour la prouesse des bâtisseurs, mais aussi pour l'harmonie minérale qui se dégage de ces maisons blotties les unes contre les autres.

Ces villages ont été construits en hauteur pour offrir un refuge sûr à la population et surveiller les cultures. Les emplacements minutieusement choisis jouent avec le relief du terrain. Puis, au fil du temps, l'aspect esthétique a primé. En flânant au hasard des ruelles et des calades pavées et escarpées, on découvre de charmantes placettes et de mystérieux passages voûtés. Cet apparent labyrinthe a été savamment conçu pour atténuer le bruit et le vent. Le murmure des fontaines anciennes rappelle que l'eau est indispensable pour soutenir un siège. Juchées sur une crête, un rocher, une falaise ou une colline, ces vigies emblématiques se rencontrent dans toutes les régions françaises. Les villages perchés présentent une grande diversité d'habitats et de types de toitures s'étendant sur plusieurs siècles. Mais c'est au soleil du Midi que la concentration est la plus étonnante, avec notamment plus de cent vingt sites répertoriés sur la Côte d'Azur. Appréciant la majesté et le calme des lieux, de nombreux artistes ont contribué à sauver ou à tirer de l'oubli certains promontoires méconnus. Des festivals de haute volée rythment les saisons. Outre le passionnant aspect historique, ce sont de magnifiques belvédères panoramiques qui détaillent toute une contrée. Et, d'en bas, ne

Villages perchés

manquez pas non plus les incomparables jeux de lumière qui illuminent les façades anciennes de jour comme de nuit. Ce charme d'antan ne manquera pas de vous séduire, d'autant que bien souvent des artisans s'y installent. Apportant de l'animation, ils remettent ainsi au goût du jour des métiers délaissés comme le travail du cuir, du bois, du cuivre, de l'étain, de la dentelle, de la faïence ou bien de l'orfèvrerie.

[Photos de cette double page et double page suivante] L'exceptionnel site de Rocamadour (Lot) s'étage à flanc du canyon de l'Alzou. Depuis près de huit cent cinquante ans, c'est un important lieu de pèlerinage et de tourisme. Des escaliers et des ascenseurs desservent les trois niveaux piétonniers. Commerces et maisons villageoises s'alignent en dominant la rivière. Au-dessus se trouve l'élégante cité religieuse (XIIe siècle) regroupant une basilique, un palais épiscopal, quatre chapelles et la crypte Saint-Amadour. Des remparts et un donjon couronnent le tout.

13

Au cœur de la région des Aspres, Castelnou (Pyrénées-Orientales) se situe à proximité du bourg viticole de Thuir. Dominées par une forteresse féodale, les ruelles pavées s'enroulent autour de la colline agrémentée de pins et de chênes verts. Au Xe siècle, Castelnou était la capitale de la vicomté du Vallespir. Coiffées de tuiles rouges, les habitations rustiques sont composées de pierres rousses de taille irrégulière. Au loin se découpe le massif du Canigou (2 784 m).

Parfumé de lavande, Montbrun-les-Bains (Drôme) se niche au pied du Ventoux et de la montagne d'Albion. Patinées par le soleil provençal, les façades étroites, comportant quatre ou cinq étages, s'agrippent au rocher, défendues par de puissants vestiges fortifiés. Depuis l'époque romaine, des thermes et de nombreuses fontaines offrent leurs vertus curatives.

Une petite route sinueuse en cul-de-sac
conduit sur les hauteurs de Thines (550 m).
Ce hameau ardéchois typique est perché
à une vingtaine de kilomètres au nord
de la bourgade des Vans.
Les très belles maisons sont constituées
de schiste et de lauzes. L'église mérite
particulièrement le détour avec ses
délicates décorations polychromes datant
du XIIe siècle. Le panorama dévoile quant à
lui, les premiers contreforts boisés
des Cévennes.

Ancien site fortifié, Balazuc s'accroche à une vertigineuse falaise de calcaire baignée par l'Ardèche qui se resserre en défilé. Le village est placé sous la protection de son église romane au clocher élancé, dit à peigne. Aventurez-vous dans le labyrinthe des sombres ruelles bordées de demeures très anciennes souvent fleuries, et admirez l'appareillage des pierres qui utilise volontiers les arcades.

À l'extrême sud du département de la Corrèze, Curemonte (moins de 300 habitants) présente la particularité de posséder trois châteaux de styles différents. Installé sur une crête de grès, le village abrite de belles maisons bourgeoises ornées de tourelles et de glycines, ainsi qu'une halle Renaissance dans un univers de riantes collines vertes. L'église Saint-Barthélemy recèle en outre un précieux retable de 1672.

Villages perchés

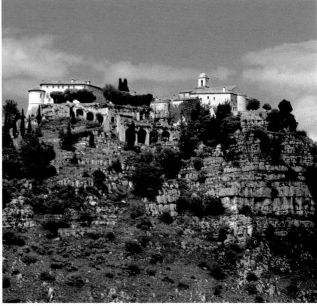

À quelques minutes de Grasse (Alpes-Maritimes), Gourdon (760 m) domine les spectaculaires gorges du Loup qui serpentent plus de 500 mètres en contrebas. Un château a au fil du temps adjoint des éléments sarrasins, toscans et Renaissance. Les venelles pittoresques sont ponctuées d'échoppes.

Sur son socle rocheux, Peillon (Alpes-Maritimes) est adossé à une montagne abrupte. Une multitude de tunnels et d'escaliers en galets dessert les maisons souvent médiévales et disposées en arc de cercle. Une agréable harmonie associe la pierre, le crépi ocre, les toits rouges et les vénérables portes en bois. De remarquables fresques du XVe siècle parent la chapelle des Pénitents-Blancs.

25

Au sommet d'un plateau aride surgit le hameau de Sant'Antonino (Haute-Corse). Les maisons étroites s'enroulent autour d'un rocher de granit menant à une chapelle et un ancien château (IXᵉ siècle). Une terrasse plonge sur le luxuriant terroir de la Balagne, constitué de vignes et de vergers, ourlé de la baie d'Algaio et du golfe de Calvi. Comme souvent en Corse, l'église se trouve à l'écart du village avec, ici, un campanile blanc typique.

27

Les maisons blanches perchées de Piana
surplombent le golfe de Porto sur la côte occidentale
de la Corse-du-Sud. Il s'agit de la porte d'entrée
des fameuses Calanches rouges aux étonnantes formes
sculptées par le volcanisme et l'érosion naturelle.
Là encore, un immense campanile immaculé égrène
les heures du temps qui passe.

Autour d'un clocher roman lombard se blottissent
les maisons originales de Moustiers-Sainte-Marie
(Alpes-de-Haute-Provence). Dès 1679, la cité a tiré
prospérité de la fabrication de délicates faïences.
Traversé par un torrent, le village occupe le débouché
d'une gorge ocre et gris. Une chaîne munie
d'une étoile dorée relie les deux rives depuis
le retour d'une croisade. Sur un piton, la chapelle
Notre-Dame-de-Beauvoir domine les lieux.

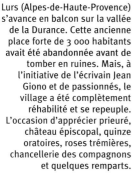

Lurs (Alpes-de-Haute-Provence) s'avance en balcon sur la vallée de la Durance. Cette ancienne place forte de 3 000 habitants avait été abandonnée avant de tomber en ruines. Mais, à l'initiative de l'écrivain Jean Giono et de passionnés, le village a été complètement réhabilité et se repeuple. L'occasion d'apprécier prieuré, château épiscopal, quinze oratoires, roses trémières, chancellerie des compagnons et quelques remparts.

Au sud de Carpentras, Venasque (Vaucluse) est juché sur un éperon ceinturé par les gorges du Rieu et de la Nesque. Place stratégique depuis la préhistoire, cette ancienne possession pontificale du Comtat Venaissin est protégée par trois tours. À côté de l'église voisine, la rarissime crypte d'un baptistère mérovingien (VIe siècle). Soigneusement restaurées, nombre d'habitations sont occupées par des artistes et artisans de qualité.

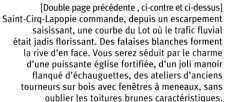

[Double page précédente , ci-contre et ci-dessus]
Saint-Cirq-Lapopie commande, depuis un escarpement
saisissant, une courbe du Lot où le trafic fluvial
était jadis florissant. Des falaises blanches forment
la rive d'en face. Vous serez séduit par le charme
d'une puissante église fortifiée, d'un joli manoir
flanqué d'échauguettes, des ateliers d'anciens
tourneurs sur bois avec fenêtres à meneaux, sans
oublier les toitures brunes caractéristiques.

[Double page précédente, ci-contre et ci-dessous] À l'extrémité méridionale de la Charente s'étagent les maisons de pierre blanche aux balcons de bois d'Aubeterre-sur-Dronne. La collégiale Saint-Jacques d'influence mauresque est une merveille de l'art roman. Mais le plus insolite réside dans la visite de l'église souterraine (XIIe siècle), creusée dans le rocher à 20 mètres de profondeur, abritant une centaine de sarcophages médiévaux.

Dans ce coin sauvage du Rouergue, Najac est un étroit belvédère qui se love dans un méandre de l'Aveyron. On y rencontre de belles demeures anciennes (XIIIe au XVIe siècle) recouvertes d'ardoises dont certaines avec piliers et colombages. À l'autre bout du village, le donjon de l'antique forteresse royale découvre des horizons très étendus.

[Ci-contre, ci-dessus et double page suivante] Prospère vicomté, Turenne (Corrèze) est restée indépendante jusqu'en 1738. Elle régnait sur 1 200 villages des environs. Surplombant le vallon de la Tourmente, cette colline stratégique sert de refuge depuis la préhistoire. Un donjon et une tour ronde chapeautent la forteresse. Dans les ruelles pentues, de superbes manoirs et hôtels particuliers témoignent de la splendeur passée.

41

En bordure du plateau du Vaucluse, Gordes est un exceptionnel bijou architectural qui s'étage en face de la montagne du Luberon. Les rues pavées bordées de murs en pierres sèches dégringolent depuis un château Renaissance. Agrémentées de végétation méditerranéenne, les façades en pierres dorées suscitent toujours l'admiration.

[Double page précédente]
C'est une dominante rose qui vous
accueille à Auvillar (Tarn-et-Garonne).
Des briques sont en effet harmonieusement
agencées avec des arcades, des pans
de bois, des tuiles arrondies et des pierres
ouvragées. Au centre de la place
triangulaire trône une halle en forme
de rotonde avec des colonnes toscanes.
La cité domine la campagne fertile
de la Lomagne délimitée par le cours
de la Garonne.

[Page ci-contre, ci-dessous et double page suivante] Émergeant d'un écrin forestier, Belvès (Dordogne) saillit au-dessus de la vallée de la Nauze, au cœur du Périgord noir. Troglodytique à la préhistoire, papale sous Clément V, anglaise à de nombreuses reprises pendant la guerre de Cent Ans, soumise aux guerres de religion, cette commune conserve néanmoins de ces aléas de magnifiques vestiges de toutes époques, comme ses sept clochers et des jardins bucoliques.

49

Très typiques du sud-ouest de la France, ces localités sont nées entre le XIIIe et le XIVe siècle. On recense près de quatre cents bastides disséminées des bords de la Dordogne au pied des Pyrénées dans une quinzaine de départements.

Ces nouvelles communes régies par des textes et des codes répondent à un schéma architectural bien précis rappelant parfois les organisations grecques ou romaines. Elles succèdent ainsi aux castelnaux et sauvetés jusqu'alors en vogue. Les bastides se sont majoritairement implantées dans des plaines ou sur des terrains plats en défrichant des forêts et des marécages. Les habitations d'un ou deux étages s'organisent autour d'une unique place centrale souvent ornée d'arcades et de galeries couvertes. C'est là que l'on découvre la volumineuse halle du marché et le siège du pouvoir seigneurial. Les maisons en pierre ou en brique s'alignent sur des parcelles de taille identique, appelées ayrals, agrémentées de petits jardins. Pour éviter la propagation des incendies et recueillir l'eau de pluie, un espace sépare chaque demeure. La circulation s'effectue par quelques larges rues rectilignes quadrillées par d'étroites transversales. Dans le cadre d'une charte de franchises spécifique à chaque bastide, toute une série de privilèges incite les futurs villageois à venir s'installer. Ils reçoivent en outre une surface à cultiver en périphérie. Le nombre d'habitants varie suivant l'activité agricole ou éco-

Villages bastides

nomique de la région. Dirigées par une jurade de consuls, les bastides sont les ancêtres de nos villes actuelles. L'absence de fortifications d'origine explique les fréquents changements de souveraineté lors de la guerre de Cent Ans opposant les Anglais aux Français. Malgré les multiples tracas et conflits de l'Histoire, bon nombre de ces bastides sont encore debout, patiemment préservées et restaurées.

Fondé en 1222 par le comte de Toulouse, Cordes-sur-Ciel (Tarn) s'enroule et s'accroche sur le rocher du Puech de Mordagne. Il est protégé par plusieurs enceintes et des portes monumentales. Les reflets changeants du soleil accentuent la beauté des façades en grès rose, gris, ocre.

Cordes-sur-Ciel est surnommé « la cité aux cent ogives » car les commerçants rivalisaient d'élégance en se faisant construire des petits palais gothiques. Une incroyable richesse assurée au XIVe par le cuir, le drap, le pastel, le safran et le tissage.

Situé sur un plateau bordé par la Sioule, Charroux (Allier) dispose d'un beffroi, d'un vieux puits ouvragé, d'une remarquable église fortifiée (XIIe siècle) et d'un atelier de luths et de vielles. Quelques torchis et colombages couverts d'ardoises sont aussi visibles.

Monflanquin domine depuis 1252 les collines rurales du nord du Lot-et-Garonne. On contemple avec bonheur les arcades ogivales, les passages couverts, les ruelles d'époque, les sculptures des embrasures de fenêtres, ou encore la résidence du Prince Noir.

[Double page précédente, ci-dessus et ci-contre] Aux confins du Périgord, Monpazier (Dordogne) a gardé son atmosphère du XIIIᵉ siècle avec ses portes fortifiées, son plan à damier caractéristique en surplomb de la vallée du Dropt. La place centrale dégage une certaine grandeur, avec ses galeries ajourées et sa halle en bois jouxtant une église harmonisant différents styles.

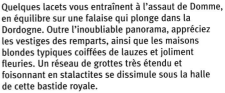

Quelques lacets vous entraînent à l'assaut de Domme, en équilibre sur une falaise qui plonge dans la Dordogne. Outre l'inoubliable panorama, appréciez les vestiges des remparts, ainsi que les maisons blondes typiques coiffées de lauzes et joliment fleuries. Un réseau de grottes très étendu et foisonnant en stalactites se dissimule sous la halle de cette bastide royale.

Villages bastides

Les fleurons du patrimoine de Sauveterre-de-Béarn (Pyrénées-Atlantiques) se mirent dans les eaux du gave d'Oloron. On admire ainsi la tour de Montréal, l'imposante église romane, de précieux manoirs et les vestiges romantiques d'un ancien pont fortifié.

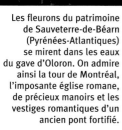

Depuis 1241, Lauzerte (Tarn-et-Garonne)
se concentre sur une plate-forme du Quercy blanc.
Le mariage de briques, de pans de bois, de demeures
gothiques ou Renaissance et de fenêtres fleuries
confèrent au lieu un charme éclatant.

[Double page suivante]
Bassoues est un village au caractère
typiquement médiéval avec ses
fortifications, son donjon du XIVᵉ siècle,
sa halle, sa basilique
et sa collégiale.

L e Moyen Âge est la plus longue période de l'Histoire de France, puisqu'il s'étend sur onze siècles (du vᵉ au xvᵉ). Du règne de Clovis à la mort de Louis XI, c'est le temps des croisades, des chevaliers et des enluminures.

Le plus souvent, un seigneur et un château assure la protection du village avec, si nécessaire, quelques remparts ou portes fortifiées. On retrouve sur certains monuments ou façades anciennes le blason où figurent les armes et la devise du suzerain. Le clergé chrétien est également puissant car il possède des sauvetés, de grandes quantités de terres et prélève aussi des impôts. Pendant près de mille ans, le style architectural a évolué des rondeurs romanes aux hardiesses gothiques, empruntées aux cathédrales qui s'érigent parallèlement dans les grandes villes voisines. Dans le fief, un étroit dédale de ruelles pavées et de passages voûtés dessert les habitations en bois et en torchis comportant un à trois étages. Serrées les unes contres les autres, elles sont construites en encorbellement. Le rez-de-chaussée abrite les échoppes des commerçants, signalées par des enseignes caractéristiques. Les plus riches demeures sont ornées de fenêtres et de portes ouvragées, et utilisent plus tard la pierre. Suivant les régions, les maisons médiévales se distinguent par leur tuilage, et le coloris des façades dépend de la terre trouvée localement. Compte tenu de la nature des matériaux employés pour ces bâtisses, la menace de l'incendie généralisé plane sur la tête des habitants. La vie féodale s'organise autour de l'église, du four à pain, du puits ou de la fontai-

Villages médiévaux

ne et des travaux des champs pour le compte du seigneur. Le calendrier festif du village médiéval est assez riche, avec notamment des foires, des tournois, des danses folkloriques. La peste, les jacqueries, les invasions, les innombrables batailles locales et les guerres de Religion ont démantelé de nombreux villages. Mais beaucoup sont encore intacts et servent de décor grandiose à de nombreux films.

Au pays des potiers de Dieulefit, l'ancienne commanderie hospitalière de Le Poët-Laval (Drôme) se niche dans le vallon du Jabron encadré de montagnes boisées. Enjolivé d'un pigeonnier, un donjon veille sur les ruelles escarpées, quelques remparts et une chapelle romane fortifiée, dans un univers parfumé de lavande.

Placée sur les hauteurs
du Tricastin, l'enceinte
médiévale bien conservée
de La Garde-Adhémar (Drôme)
surplombe la plaine du Rhône.
Un clocher octogonal se dresse
au-dessus d'étonnantes
maisons de pierres grises et
blanches, multipliant les arches
et les petites ouvertures.

Sauvé de la ruine, Pérouges (Ain) sert régulièrement de décor de films. Passé les murailles de cette butte dominant les étangs de la Dombes, les ruelles pavées de gros galets convergent vers la place. Un auguste tilleul l'embellit, entouré de boutiques et de demeures à colombages, témoignages de la prospérité passée des tisserands. Linteaux et sculptures de pierre parent nombre de façades en tuf.

79

Perdue sur le rebord d'un plateau sauvage de la Lozère entaillé par les profondes gorges du Chassezac, La Garde-Guérin constituait au Moyen Âge un relais défensif de la voie Régordane reliant l'Auvergne au Languedoc. Une tour de guet en granit et les maisons fortes des chevaliers sont encore debout.

Huit arches gothiques enjambent fièrement le Loir menant à Lavardin. L'ampleur des vestiges de la forteresse illustre la puissance de cette ancienne place forte des comtes de Vendôme en Loir-et-Cher. Un charme indéniable se dégage des maisons authentiques et du prieuré roman riche en bestiaire, colonnades et peintures murales.

84

[Double page précédente,
ci-dessous et ci-contre] Sur son
piton rocheux, Loubressac (Lot)
se révèle d'abord un merveilleux
belvédère des vallées
de la Bave et de la Dordogne.
L'architecture fleurie tire
remarquablement parti
du calcaire pour enjoliver
les porches, les tourelles,
les avancées ou les baies
vitrées. De grosses tuiles brunes
apportent le bouquet final.

85

Non loin de Brioude,
le romantique village
de Lavaudieu (Haute-Loire)
a été fondé en 1057 autour
d'une abbaye bénédictine
au bord de la Senouire,
d'où l'appellation dérivée
de la vallée de Dieu.
Il ne subsiste qu'un cloître,
une église à fresques
et un atelier du vitrail.
De belles pierres de taille
habillent le pont et les maisons
dotées de balcons en bois.

Entre Issoire
et Clermont-Ferrand,
la silhouette d'un donjon
cylindrique signale de très loin
Montpeyroux (Puy-de-Dôme),
construit au sommet
d'un coteau de l'Allier.
Toutes les bâtisses
sont édifiées en arkose,
grès très résistant.

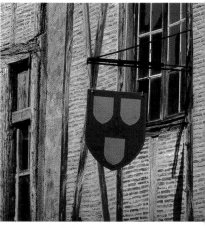

Perché sur les hauteurs poitevines de Parthenay (Deux-Sèvres), le quartier médiéval a gardé son aspect d'origine, avec ses échoppes et ses enseignes caractéristiques où se pressaient nombreux les pèlerins cheminant vers Saint-Jacques-de-Compostelle. Un pont étroit franchissant le Thouet, des tours et des portes fortifiées complètent l'allure défensive.

[Ci-contre, ci-dessous et double page suivante]
Sur la rive sud des gorges de l'Aveyron,
l'origine de Bruniquel (Tarn-et-Garonne)
remonte à l'époque mérovingienne
de la reine Brunehaut. Les ruelles
pentues dégringolent d'un château
mélangeant les styles. On reste
conquis par la variété des galeries,
les baies géminées, la qualité
du pavage, l'élégance des arcades et
l'horloge du beffroi couvert de lierre.

Le donjon et les tours coiffés de poivrières d'une fière forteresse veillent depuis le XIIIᵉ siècle sur la destinée de Lacapelle-Marival (Lot). Dans cette contrée du Ségala, le soleil apporte une jolie couleur dorée aux constructions de grès, notamment l'église gothique et la halle du marché du terroir.

Dans la haute vallée du Lot, Sainte-Eulalie-
d'Olt (Aveyron) présente d'attachantes
maisons en galets, torchis et pans de bois,
ainsi qu'une profusion de
gentilhommières, une attrayante église
romane (xe siècle) et un moulin à grain
en état de marche.

Pêcheurs, paysans et bateliers logeaient autrefois à Beynac-et-Cazenac (Dordogne), étape incontournable du Périgord noir. Pour résister à l'épreuve du temps, l'architecture locale emploie de grosses pierres ocre, des cheminées massives et d'épaisses toitures de tuiles ou de lauzes. De superbes perspectives dévoilent les châteaux de Fayrac, des Milandes et de Marqueyssac, situés sur la rive opposée.

[Double page précédente et ci-dessous] Lucéram (Alpes-Maritimes) se dissimule au creux d'un vallon des hauteurs des Préalpes niçoises. Trois clochers aux tuiles vernissées émergent des toits rouges. Un savant enchevêtrement de voûtes, de fontaines, d'escaliers et d'étroits passages confèrent au village une belle harmonie.

Éminence d'un plateau champêtre fleurant bon
la Provence, Tourtour (Var) blottit ses vénérables
maisons au pied de deux manoirs. Les porches ainsi
que les embrasures des portes
et des fenêtres sont finement réalisés.
Ne manquez pas le panorama très étendu
depuis la terrasse de l'église Saint-Denis.

Non loin de Villers-Cotterêts, Oigny-en-Valois (Aisne) possède un coquet manoir en brique jouxtant un splendide parc floral.

Cette période particulièrement faste dans le domaine des arts, de la science et de la culture se traduit également par une superbe architecture. Une certaine qualité de vie qui rayonne dans une grande partie de l'Europe, contribuant à une importante augmentation de la démographie.

Ainsi, parallèlement à l'édification des plus beaux palais et châteaux inspirés de l'Italie, les maisons du XVIe et du XVIIe siècle cultivent l'esthétisme. Dans tout le royaume de François Ier, les villages rivalisent d'oriels, de tourelles, de balcons, de galeries, de balustrades, de colonnades, d'ambitieux frontons, de frises sculptées, de gracieuses lucarnes, d'épis de faîtage, de coquettes placettes, de fenêtres à meneaux ou à petits carreaux. Il s'agit d'un retour au style antique gréco-romain. La décoration n'est plus l'apanage des puissants, mais se décline à tous les coins de rues recouvertes

d'un dallage ou d'un pavage géométrique. Lors de cette époque, le développement de la verrerie, de l'imprimerie, de la métallurgie et d'une multitude de compagnies commerciales procure une relative prospérité. La pierre permet désormais de construire des demeures bourgeoises de deux ou trois étages. Sous les toits assez pentus ornés d'élégantes cheminées et de plafonds à caissons, tapisseries et ameublement dominé par la marqueterie apportent un certain confort. Les églises locales adoptent également le style Renaissance avec de magnifiques volutes

Villages Renaissance

ouvragées encadrant les vitraux et un décor intérieur raffiné. Des colombiers, des jardins luxuriants et des fontaines ouvragées enjolivent cet ensemble lumineux. Une statuaire très suggestive met en scène des allégories de chasse dans des paysages paisibles qui incitent à la rêverie. Chants, danses et musique rythment les moments festifs du village. Une atmosphère que l'on retrouve dans les poèmes de Pierre de Ronsard et Joachim Du Bellay.

[Ci-contre, ci dessous et double page suivante] Une certaine spiritualité se dégage de Carennac (Lot), où plane le souvenir du célèbre prieur et écrivain Fénelon. Typiquement quercynois, le village minéral comporte un foisonnement de tourelles, de balcons fleuris, de délicates ouvertures. Sans oublier le cloître de l'église, la bucolique île Calypso et l'aromatique musée des Alambics.

Au pied de ruines féodales est situé
Crissay-sur-Manse (Indre-et-Loire)
en pleine campagne de la Touraine.
Un clocher élancé domine une agréable
concentration de logis Renaissance
agrémentée de lucarnes, de jardinets
en terrasses et de deux lavoirs.

À la confluence de l'Anjou, de la Touraine et du Poitou, Montsoreau (Maine-et-Loire) s'étage sur des coteaux offrant une vue imprenable sur un magnifique château immaculé et la large vallée ligérienne. Adoptant également le tuffeau, les plaisantes demeures villageoises s'enrichissent de roses trémières et de compositions arbustives soignées.

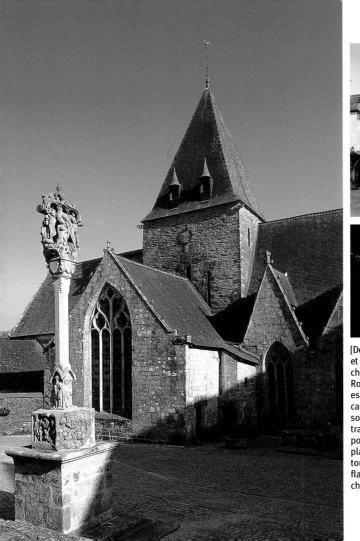

[Double page précédente, ci-contre et ci-dessus] Pratiquement à mi-chemin entre Vannes et Redon, Rochefort-en-Terre (Morbihan) est un bourg breton caractéristique. Le granit sombre et sévère des façades tranche avec le coloris des portes, des fenêtres et des plantes grimpantes. Quelques tourelles et une église flamboyante ajoutent au charme.

115

[Ci-dessus, ci-contre et double page suivante] Ancien fief des tisserands, la colline de Locronan est un haut lieu du tourisme dans le Finistère. À pied ou en calèche, admirez les maisons classées datant pour la plupart de la Renaissance, ainsi que l'église et la chapelle gothiques.

[Double page précédente, ci-dessus et ci-contre] Aux confins de la Lozère et de l'Ardèche, Pradelles (Haute-Loire) a été de tout temps une étape marquante des soldats, des pèlerins, des négociants, voire des brigands. L'habitat se caractérise par des maisons élevées avec un rez-de-chaussée percé d'arcades et des frontons ouvragés. Ne manquez pas le passionnant musée vivant du cheval de trait, mais aussi l'église coiffée d'une vierge rouge.

C'est du vieux pont
en dos d'âne que l'on découvre
le plus bel aperçu d'Espalion
(Aveyron). S'alignent en effet
au bord du Lot des tanneries
avec leurs deux niveaux
de balustres en bois
et l'ancienne résidence
des gouverneurs locaux.

Au milieu des grasses prairies de la vallée normande de la Touques se niche l'exceptionnel château de Saint-Germain-de-Livet avec son subtil damier de pierres colorées, de briques vernissées et de colombages. L'intérieur de l'église de ce hameau du Calvados révèle également quelques curiosités.

Sur les traces de la romancière George Sand, on apprécie le manoir romantique de Lys-Saint-Georges (Indre) ceinturé de douves. Le village surplombe la vallée du Gourdon.

Chef-lieu du pays d'Ans,
Hautefort (Dordogne) possède
un remarquable château
du même style que ceux
de la vallée de la Loire.
Des jardins extraordinaires
dessinés à la française,
on contemple la délicatesse
du dôme de l'église.

Pour répondre à la succession des guerres et aux incessants déferlements des bandes armées, des ouvrages défensifs sont mis en place. S'érigent d'abord l'oppidum gaulois et le camp romain, d'aspect rudimentaire, entourés de fossés et de palissades en bois.

Au Moyen Âge, le château veille sur les maisons en contrebas et accueille rapidement la population en cas de conflit. Mais, ensuite, le progrès militaire et la puissance des canons obligent à ceinturer le village d'épaisses murailles crénelées, surmontées de tours et cernées de douves. Toujours plus sophistiquées, ces fortifications atteignent leur apogée à l'époque de Louis XIV, avec Vauban qui consacre sa vie à rendre les places fortes inexpugnables, même dans les plaines. Les remparts remplis de terre multiplient les bastions, les glacis, les contrescarpes, les demi-lunes pour éviter le moindre angle mort. Dans les Alpes et les Pyrénées,

de véritables villages-citadelles commandent ainsi l'entrée des vallées stratégiques. À l'intérieur de l'enceinte percée de quelques portes, les rues s'ordonnent de façon géométrique pour desservir l'église, la poudrière, les habitations, la place d'armes, le casernement de la garnison et les magasins de provisions. Mais, lorsque l'argent manque ou bien que le relief et l'environnement ne sont pas favorables, les habitants fortifient leur lieu de culte. Ils assurent eux-mêmes la défense, comme dans une soixantaine de paroisses

Villages fortifiés

de la Thiérache (Aisne) transformées entre le XVIe et le XVIIe siècle. Répartis dans les étages du sanctuaire, puits, étable, fours à pain, réserves de vivres permettent à la vie villageoise de poursuivre son cours et de moins craindre les invasions. Ces curieux édifices de guet et de refuge se retrouvent aussi dans bon nombre d'autres contrées, utilisant les matériaux naturels locaux.

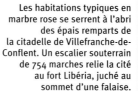

Les habitations typiques en marbre rose se serrent à l'abri des épais remparts de la citadelle de Villefranche-de-Conflent. Un escalier souterrain de 754 marches relie la cité au fort Libéria, juché au sommet d'une falaise.

Un entrelacs
de ruelles,
de placettes
avec fontaines
et d'anciennes
demeures forme
le cœur historique
de Colmars-les-
Alpes (Alpes-de-
Haute-Provence)
défendue par
des remparts
et un réseau
de petites redoutes
voisines au fil
du Verdon.

Les premières fortifications
de Montrésor (Indre-et-Loire)
remontent au XIᵉ siècle
avec d'imposantes tours
et murailles. Seuls quelques
vestiges ont été conservés,
comme l'échauguette
de la mairie. Par la suite,
le château a pris un caractère
Renaissance, se mirant dans
l'Indrois. Pleine de trésors
artistiques, la collégiale
vaut le détour.

131

Une double enceinte sécurise Saint-Benoît-du-Sault (Indre), perché sur une butte rocheuse à la limite méridionale du Berry. Patinées par le temps, les maisons, souvent remarquables, s'organisent autour d'un beffroi et d'un ancien prieuré bénédictin.

Les pittoresques ruelles de Castelnau-de-Montmiral (Tarn) s'articulent autour d'une vaste place bordée d'arcades. De ce belvédère naturel se devinent la vallée de la Vère, les vignes du Gaillacois et l'immense forêt de la Grésigne.

Jeté au-dessus du Var, un unique pont permet d'accéder à la cité fortifiée d'Entrevaux (Alpes-de-Haute-Provence). Au hasard des venelles étroites, on découvre même une cathédrale baroque. D'abruptes rampes grimpent en zigzag à l'assaut d'une impressionnante forteresse.

[Double page précédente] Une trentaine de tours colossales défendaient jadis Coucy-le-Château (Aisne), avant d'être en partie détruites par Mazarin puis par la Première Guerre mondiale.

Huit portes ouvrent l'enceinte fortifiée du village perché de Lautrec (Tarn). Cette capitale du célèbre ail rose dévoile toutes les collines de ce pays de Cocagne avec, au loin, les masses boisées des monts de Lacaune et de la Montagne Noire.

Les remparts de Puycelsi
(Tarn) semblent posés
sur la cime des arbres
de la forêt de la Grésigne.
Les portes des demeures
gothiques sont souvent
en forme d'ogive.

L'immense causse sauvage du Larzac est parsemé de commanderies militaires. Celle de La Couvertoirade (Aveyron) a été tour à tour occupée par les Templiers puis les Hospitaliers entre le XIIᵉ et le XVᵉ siècle. À l'intérieur de l'enceinte intacte, les demeures en pierre grise sont couvertes de lauzes ou de tuiles.

[Double page précédente, ci-contre et ci-dessus]
À dominante orangée, la sauveté de Camon (xe siècle) se dresse au-dessus d'une boucle de la vallée ariégeoise de l'Hers. Jusqu'au xvie siècle, les seigneurs successifs ont à chaque fois bâti de nouvelles protections, à la suite d'inondations, d'invasions, et même d'abandon du village.

147

D'ordinaire, les couvents et monastères situés dans des endroits calmes et isolés vivent en autarcie. Mais certains sanctuaires suscitent une importante ferveur ou marquent une étape importante sur le chemin de Saint-Jacques-de-Compostelle.

Le culte des saintes reliques attire aussi de nombreux fidèles. Pour nourrir et héberger dignement ce flot incessant de pèlerins, de véritables villages se constituent alors autour des abbayes et des basiliques. Des boutiques et des marchands de souvenirs se développent, où parfois le commerce oscille entre la magie et le divin. D'autres localités proches des édifices religieux tombent sous la houlette de la puissance monastique qui possède au fil des siècles un patrimoine foncier considérable, le clergé ayant ici la même autorité que le seigneur. Certains monuments ont miraculeusement survécu aux outrages des ans. Beaucoup d'abbayes ont été détruites lors de la Révolution. Les vestiges grandioses témoignent du faste et de l'ampleur de ces fleurons de l'art sacré. Bien souvent, les habitants ont réutilisé les pierres des ruines pour embellir leurs demeures. Il n'est pas rare de retrouver, imbriqués dans les constructions, des arcs, des colonnes, des figurines, des chapiteaux sculptés ou des fenêtres en ogive. Le style des maisons mélange ainsi le roman et le gothique. L'environnement de ces villages est sou-

Villages d'abbayes et de sanctuaires

vent boisé et bucolique, avec une source ou un cours d'eau à proximité. Un verger, du bétail, un peu de vigne et quelques arpents de terre ont longtemps suffi à assurer la subsistance de ces étonnants villages, d'autant que les moines confectionnent quelques produits alimentaires ou artisanaux.

Dans la haute vallée du Crouzon se rencontre la chartreuse de Sainte-Croix-en-Jarez (Rhône), fondée en 1280 dans les premiers contreforts du massif boisé du Pilat. Après la Révolution, les vastes bâtiments aux toitures rouges ont été reconvertis en un véritable village sans trop de dommages.

Le nid d'aigle médiéval
de Flavigny-sur-Ozerain
(Côte-d'Or) a conservé
le charme de ses ruelles
et de ses demeures d'époque.
Son ancienne abbaye
bénédictine fabrique
depuis le IXe siècle de célèbres
bonbons à l'anis, exportés
dans le monde entier.

151

Perdu à la convergence des gorges de l'Hérault et du Verdus, Saint-Guilhem-le-Désert s'est constitué autour d'un monastère fondé en 804. Non loin de l'église et du cloître, les façades médiévales présentent encore des ouvertures géminées ou en arc brisé. Chacun, ou presque, possède son jardin ou son potager.

153

[Double page précédente, ci-dessus et ci-contre]
Niché sur les rives de l'Orbieu, au cœur
des vignes et des garrigues des Corbières,
le joyau de Lagrasse est constitué
par son abbaye bénédictine, embellie
du VIIIᵉ au XVIIIᵉ siècle. De nombreux artisans
occupent les vénérables maisons
aux teintes roses.

La basilique romane de la colline éternelle de Vézelay (Yonne) attire des nuées de pèlerins depuis le xe siècle. D'exceptionnelles sculptures ornent le portail, tandis qu'une grande luminosité dévoile les chapiteaux ouvragés de la nef grandiose. Tourelles, encorbellements, portes sculptées, fenêtres à meneaux s'alignent dans les ruelles médiévales.

Les bâtiments blancs de l'abbaye
du Bec-Hellouin (1035) s'articulent
autour de la tour Saint-Nicolas. Tout aussi
pittoresque, ce village de l'Eure s'inscrit
dans un riant paysage bocager.

Esseulé dans la vallée de la Voireuse, Blesle (Haute-Loire) est né de la volonté de moniales à la fin du IXᵉ siècle. Plus tard, un donjon et une tour de guet protégèrent l'activité florissante des marchands, tanneurs, tisserands et vignerons.

Au pied des Pyrénées, Saint-Bertrand-de-Comminges (Haute-Garonne) est occupé depuis les Romains. Encadrée de remparts et de demeures médiévales, sa richissime cathédrale (XIIᵉ- XVIᵉ siècle) se repère de très loin dans la plaine.

163

[Double page précédente, ci-dessus et ci-contre] Chef-d'œuvre de l'art roman, l'abbatiale de Conques, étape de Saint-Jacques-de-Compostelle, abrite un tympan ouvragé, de délicats chapiteaux, un trésor unique et des vitraux contemporains. Accueillant tous les pèlerins, les habitations roses et rousses conservent leurs balcons et pans de bois du temps jadis.

Face aux Pyrénées, le belvédère escarpé de Saint-Lizier
(Ariège) se trouve à quelques minutes de Saint-Girons.
La cathédrale associe les styles roman et gothique toulousain.

En lisière orientale des étendues forestières de Retz (plus de 13 000 ha), les vestiges de l'abbaye cistercienne de Longpont (Aisne) témoignent de sa grandeur passée. Une porte fortifiée flanquée de quatre tourelles commande en outre l'entrée du hameau.

La digue sera bientôt supprimée pour redonner son caractère insulaire au Mont-Saint-Michel. En équilibre sur un rocher perdu au milieu de sables mouvants, l'extraordinaire abbaye est couronnée d'une flèche monumentale. Plus bas, on se presse dans les ruelles, les échoppes, et les auberges, comme celle de la Mère Poulard et de ses fameuses omelettes.

Au bord de l'eau

À proximité des étangs
de la Brenne (Indre),
l'agréable prieuré de
Saint-Gaultier s'étage
au bord de la Creuse.

D epuis les origines, l'être humain a toujours cherché à s'établir près d'un point d'eau. Ce lien est d'abord source de vie avant de devenir un moyen de transport et de développement économique.

Le village est habituellement placé à un endroit stratégique comme un gué, une gorge ou un méandre. Des péages, des moulins, un château, des tanneries assurent la prospérité tout en permettant de surveiller les alentours. Construits au bord d'eaux calmes ou de rapides impétueux, ces villages font aujourd'hui le bonheur des pêcheurs, des randonneurs et des adeptes des sports nautiques. Villas et maisons anciennes s'alignent le long des berges sur ce qui constitue bien souvent la rue principale avec ses cafés, ses commerces et ses lavoirs. Les autres habitations s'étagent sur le coteau de la vallée. Les plus belles façades sont tournées vers la rivière. Bien que protégés par des levées de terre, certains quartiers bâtis dans le lit originel du cours d'eau sont inondés pendant les fortes crues. Ce qui explique pourquoi plusieurs demeures reposent sur des pilotis ou ne sont habitées qu'à partir du premier étage. Des jardinets ou de petits escaliers privés mènent au flot. Quelques cales en pente douce facilitent la mise à l'eau des embarcations légères. Couramment, les arcades d'un vénérable pont relient les rives. Le charme des vieilles pierres se conjugue parfaitement avec les reflets changeants du courant oscillant entre le vert et le bleu. Autrefois, on pouvait se baigner et boire l'eau de la plupart des rivières

Villages des fleuves et des rivières

sans risque pour la santé. Si le temps du halage et des gabares est révolu, le spectacle des péniches et de petits bateaux de croisière glissant sur l'onde survolée par des escadrilles d'oiseaux sauvages reste captivant. Tout comme la lente dissipation de la brume matinale qui renvoie l'écho dans une étrange atmosphère.

Ceint de quatre tours, le fier château de Vogüé (Ardèche) domine les arcades des ruelles anciennes ainsi que de belles demeures colorées blotties entre des parois calcaires et une large courbe de l'Ardèche.

Au sud de Sarlat, La Roque-Gageac (Dordogne) occupe l'un des nombreux méandres pittoresques de la Dordogne. Encadrées par deux élégants manoirs, les emblématiques maisons périgourdines s'accrochent au pied de falaises tapissées de chênes verts.

[Double page précédente et ci-dessus] Un superbe pont médiéval franchit les gorges de l'Aveyron pour atteindre Belcastel, village parfaitement restauré. Avec ses tours rondes et son donjon carré, la forteresse perchée conserve sa puissance féodale.

La commune d'Estaing s'est fixée,
plus au nord du département de l'Aveyron,
au confluent du Lot et de la Caussane,
sous la protection d'un curieux château.
Pont, église et chapelle gothiques,
façades Renaissance et toitures d'ardoises
dessinent une réelle harmonie.

183

Un étonnant clocher vrillé
orne les quartiers historiques
de Saint-Côme-d'Olt (Aveyron),
sis au bord du Lot.
Le village contient aussi
de remarquables édifices
s'étendant du XIVᵉ au XVIIᵉ siècle.

Saint-Céneri-le-Géri (Orne) se situe sur une colline épousant un méandre de la Sarthe, au pied des Alpes mancelles. On y découvre une intéressante église romane et une fontaine miraculeuse. Cette alliance préservée de végétal et de minéral a séduit de nombreux peintres.

L'Arize encercle l'ancien évêché de Rieux (Haute-Garonne) dans la région du Volvestre, non loin de Muret. Une cathédrale rose dotée d'une immense tour octogonale rappelle ce prestigieux passé religieux. Le reste de la cité est à l'avenant, avec une profusion de colombages et de briques bien agencées, sans oublier deux ponts très esthétiques.

Entre Saintes et Rochefort,
Saint-Savinien (Charente-Maritime) met en valeur
de belles bâtisses en pierre et une église romane
de style saintongais, vraiment typique de la région.

[Page de droite et double page suivante]
Entre Dordogne et Vézère, Limeuil (Dordogne)
s'étage sur les terrasses d'un coteau bien exposé
au soleil. Seigneurs, bateliers et artisans
ont toujours tiré grand profit de cet emplacement
stratégique.

Sur la route des principaux sites préhistoriques du Périgord, une splendide église romane et deux châteaux défensifs confèrent à Saint-Léon-sur-Vézère (Dordogne) un charme absolu.

[Double page suivante] Blottie dans un étroit défilé de la Vallée de la Garonne, Saint-Beat (Haute-Garonne) est un ancienne cité de gallo-romaine.

193

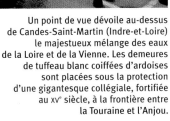

Un point de vue dévoile au-dessus
de Candes-Saint-Martin (Indre-et-Loire)
le majestueux mélange des eaux
de la Loire et de la Vienne. Les demeures
de tuffeau blanc coiffées d'ardoises
sont placées sous la protection
d'une gigantesque collégiale, fortifiée
au XVe siècle, à la frontière entre
la Touraine et l'Anjou.

Au sommet d'une falaise se dressent les vestiges de la puissante forteresse d'Angles-sur-l'Anglin (Vienne). Outre sa paisible rivière et son superbe patrimoine architectural, une rarissime frise sculptée raconte la vie locale préhistorique. On y réalise aussi depuis longtemps avec succès des broderies ajourées de tissu.

[Page de gauche] Adossé à la Montagne de Reims, Cumières (Marne) s'est installé dans une boucle de la Marne, en face d'Épernay.

[Ci-dessous et ci-contre] À l'extrême limite du pays de Gray et baignées par l'Ognon, les ruelles fleuries de Pesmes (Haute-Saône) possèdent leur clocher comtois typique en tuiles vernissées.

Les romantiques gorges
de la Loue servent d'écrin boisé
à Lods (Doubs), ancien fief
de vignerons et de maîtres des
forges. Les maisons datant du
XVIᵉ et XVIIᵉ siècle témoignent
de cet âge d'or révolu.

Enserrant une courbe paisible de l'Auvezère, Ségur-le-Château (Corrèze) présente les ruines d'un castel et de très anciennes maisons médiévales et Renaissance. Un arboretum et un sentier botanique agrémentent cet ancien tribunal qui gérait les centaines d'affaires du Périgord et du Limousin du XVe au XVIIIe siècle.

[Double page suivante] Au fil de la Dronne, Brantôme (Dordogne) est surnommée la Venise du Périgord.

[Ci-dessous, ci-contre et double page suivante] L'ocre et le brun habillent les demeures caractéristiques de Saint-Jean-de-Côle (Dordogne) au sein du Périgord vert. Ce village bénéficie également d'un pont gothique, du sévère château de la Marthonie, ainsi que d'une église romane peu commune, comportant un clocher ajouré et une halle appuyée contre le chevet.

S'avançant sur une presqu'île,
Yvoire (Haute-Savoie) a été
baptisé la perle du lac Léman.

Moins calmes qu'il n'y paraît, des centaines de lacs, d'étangs et de barrages dessinent le paysage. Sur ces étendues d'eau parfois profondes, le vent violent peut provoquer de belles vagues, dignes d'une tempête marine.

Joli miroir limpide, le lac reflète de pittoresques villages campagnards au milieu des roseaux. Les traces les plus anciennes d'habitat lacustre remontent au néolithique avec des ensembles de paillotes sur pilotis qui ont perduré jusqu'au Moyen Âge. Les hameaux se blottissent ensuite autour de chapelles et d'églises remarquables, et se dotent de pontons et d'estacades. Profitant d'un cadre unique, hôtels, auberges et demeures résidentielles, au style antique ou baroque, occupent peu à peu les rives. Curistes et touristes y viennent pour se reposer et changer d'air. Ces écrins d'une grande pureté fournissent des réserves d'eau potable et procurent un refuge sûr à une faune variée, comme les cygnes et les grues cendrées. Également préservés et peu urbanisés, les grands étangs reliées à la mer par d'étroites passes sont plus dédiés aux pêcheurs et aux promeneurs. Depuis la fin du XVIIe siècle, des dizaines de barrages ont radicalement transformé l'environnement. Retenus par de la terre, des rochers ou du béton, ils servent pour l'irrigation, la production d'électricité, la régulation du débit des rivières. Certains villages ont été engloutis, d'autres ont été sauvés

Villages lacustres

et reconstruits un peu plus loin, ou bien se retrouvent au bord de l'eau. Sa fréquente coloration bleu turquoise résulte de l'abondante présence de calcaire. Tous ces espaces sont propices au canotage, à la baignade et la pêche. Peintres et écrivains ont été séduits par les lumières et le romantisme qui se dégagent de ces immensités lacustres, tel le célèbre poète Alphonse de Lamartine.

D'origine romaine puis fortifié au XIVe siècle, Yvoire (Haute-Savoie), s'organise de façon concentrique en procurant un bel aperçu du Léman, véritable petite mer intérieure (58 000 ha). Çà et là se dévoilent une fontaine ouvragée, un labyrinthe paysager, un clocher à bulbe, un donjon massif ponctué de tourelles et de magnifiques bâtisses de pierre très fleuries, animées par des artistes et des artisans.

[Double page suivante] L'ancestrale Sainte-Croix-de-Verdon (Alpes-de-Haute-Provence) dégringole jusqu'au bord d'un immense plan d'eau turquoise.

Les fameuses huîtres et moules de Bouzigues (Hérault) immergées dans le vaste bassin de Thau (8 000 ha) sont cultivées depuis l'époque gréco-romaine par une noria de petits bateaux à fond plat. En face de Sète, dominé par le mont Saint-Clair, Bouzigues a délaissé ses cabanes précaires pour se transformer en un attrayant hameau méditerranéen entièrement consacré à l'activité conchylicole.

Entre Narbonne et Sigean s'étend le grand étang (5 500 ha) de Bages (Aude). Formant une saillie panoramique, le village du même nom aux dominantes de jaune et de blanc vit essentiellement de la pêche (soles, loups, turbots, daurades et crustacés). Depuis la marine, des ruelles et de petits escaliers desservent les habitations où l'on observe encore quelques remparts.

219

[Double page précédente et page de gauche] L'élégant château de Duingt (Haute-Savoie) surplombe le point le plus étroit du lac d'Annecy (2 800 ha) avec, barrant l'horizon, les cimes enneigées de la Tournette (2 351 m). Au pied du rocher du Taillefer, les treilles qui enjolivent les vieilles maisons typiques attirent de nombreux estivants.

[page de droite] Sur la rive opposée, Talloires fait face à la montagne boisée du Semnoz du massif des Bauges. Au creux de cette baie accueillante existait autrefois une abbaye bénédictine. Le monastère a été reconverti en hôtel. Seul subsiste un prieuré du XVe siècle dans cette villégiature très courue.

À l'ouest de Niort, Coulon (Deux-Sèvres) marque l'entrée du gigantesque univers aquatique du Marais poitevin (80 000 ha). Une ensorcelante Venise verte qui lutte contre l'assèchement au profit des champs de céréales.

De la Camargue au Marais poitevin en passant par la Sologne, l'Armorique ou les hortillonnages amiénois et audomarois, tous ces espaces protégés présentent des hameaux traditionnels sur lesquels la modernité n'a pas eu d'emprise.

Entièrement tournés vers l'eau et dédiés à la pêche, à l'ostréiculture, à la production de sel ou bien aux cultures maraîchères, les villages des marais et des étangs sont généralement de très petite taille. L'architecture sobre et rustique se contente souvent de cabanons ou de maisons basses en torchis. Des murs aux tuiles en passant par les charpentes, tous les éléments sont fabriqués avec les matériaux trouvés sur place. Dans cet univers calme et reposant, on se déplace en barque et l'on scrute avec attention la solidité des berges et des digues. Car le danger de l'inondation plane sur ces terres à fleur d'eau. Cet environnement humide est le refuge de nombreux oiseaux migrateurs, mais aussi d'animaux plus rares comme la loutre ou la tortue cistude. Quant aux patelins des canaux, ils se rencontrent au détour d'un chemin de halage près d'écluses importantes, de gares portuaires ou des ponts qui franchissent ces voies navigables plus utilisées par les vacanciers que par les traditionnels mariniers. On remarque encore toutefois des villages éphémères formés de dizaines

Villages des marais et des canaux

de péniches. Avec plus de 4 600 kilomètres de canaux, la France dispose en effet du plus grand réseau d'Europe. Certains sillons aquatiques millénaires servent toujours à l'irrigation des champs. Un décor envoûtant lorsque la brume qui se déchire fait remonter à la surface le souvenir d'une multitude de contes et de légendes.

[Double page précédente, ci-dessus et ci-contre] Unique moyen de déplacement, les barques de Coulon (Deux-Sèvres) s'alignent le long des quais de la Sèvre Niortaise. Riche en anguilles, les conches et les rigoles forment une multitude de canaux autour de Coulon pour relier les parcelles maraîchères. L'occasion d'apprécier les maisons basses traditionnelles blanchies à la chaux aux volets colorés. Un écomusée du marais, une église romano-gothique et un aquarium des poissons locaux complètent la visite.

[Double page suivante] Entre Chaumont et Saint-Dizier, Joinville (Haute-Marne) bénéficie de maisons Renaissance, d'un château paysager, d'un antique tribunal et d'une église remarquable.

Trait d'union entre la mer et la terre, le littoral français possède de pittoresques petits ports de pêche et de plaisance, perpétuelles invitations au voyage. Ces havres sûrs se nichent au creux d'une rade, d'un aber, d'une crique rocheuse, ou au bord d'une baie sableuse.

Les blocs utilisés pour les jetées et les habitations sont identiques, donnant une certaine unité minérale qui parfois se confond dans l'environnement rocailleux. Au gré des marées, avec le cri des mouettes, la vie s'anime autour des étals des poissonniers, du ravaudage des filets, de l'entretien des bateaux et pendant les régates, toujours très disputées, tandis que la brise provoque le cliquetis des drisses sur les mâts. Disposées le long des quais, les maisons de pêcheurs sont de modestes dimensions. Elles comportent généralement un ou deux étages

avec de menues fenêtres agrémentées de volets colorés. Les façades en pierres apparentes ou blanchies à la chaux s'orientent le plus souvent vers le sud. Pour contrecarrer la puissance du vent et des embruns salés, les bâtisses se serrent les unes contre les autres. L'architecture des villages portuaires s'adapte au climat des différentes régions maritimes. L'été s'y déroule une succession de processions, de joutes nautiques et de fêtes thé-

Villages portuaires

matiques. En faisant escale dans un charmant restaurant typique, on apprécie la fraîcheur des meilleurs produits de la mer. La nuit, le faisceau du phare balayant les toitures signale l'entrée du bassin. En cas de nébulosité, une corne de brume prend le relais. Avec des ciels changeants et un jeu de lumières contrastées, ces fascinants bords de mer cultivent le plus naturel des romantismes.

À l'extrémité nord-est de la péninsule normande du Cotentin, Barfleur (Manche), est un port de charme aux robustes demeures de granit et de schiste. Pratiquement au bord de l'eau, l'église fortifiée Saint-Nicolas, construite sur un promontoire rocheux au centre d'un cimetière marin, suit le va-et-vient des navires chargés de homards et de moules.

235

Proche de l'estuaire de la Vilaine,
La Roche-Bernard (Morbihan) domine
de son rocher la rivière enjambée
par deux immenses viaducs routiers.
C'est une intense activité maritime
(pêche, transport, commerce du sel,
construction navale) qui a assuré
à la cité sa prospérité. Ce qui
se traduit par des façades remontant
au XVIe et XVIIe siècle, imbriquées
dans un lacis de ruelles escarpées.

Joyau de la pittoresque Côte vermeille surplombant la Méditerranée, le port de Collioure (Pyrénées-Orientales) est dominé par le château royal réaménagé par Vauban. Entre deux plages, l'église fortifiée, riche de neuf précieux retables, comporte une tour caractéristique occupant l'ancien phare. Mais Collioure est aussi réputé pour l'excellence de ses anchois, ingrédient essentiel de la cuisine catalane.

Placé à l'entrée orientale du golfe du Morbihan, Port-Navalo
constitue un point de départ idéal pour explorer
la myriade d'îles constellant cette mer intérieure (300 km²)
bientôt protégée par un label de parc naturel régional.
On retrouve le bâti breton classique associant granit,
ardoises et crépi blanc. Des navettes régulières rejoignent
de l'autre côté du golfe les mégalithes de Locmariaquer.

Prenez le temps de flâner dans les vieux quartiers et le port de Saint-Goustan (Morbihan) aux portes d'Auray, dans une boucle du Loc'h. Pavés arrondis, divers colombages, vieux gréements et cafés animés méritent vraiment le détour. Au XVIᵉ siècle, Saint-Goustan constituait le troisième port breton.

À l'ouest de Cherbourg, perdu dans les landes bocagères du cap de la Hague, Port Racine (Manche) est considéré comme le plus petit havre de France. Dépendant de la commune voisine de Saint-Germain-des-Vaux et établi à l'époque de Napoléon Ier, ses jetées ne peuvent pas contenir plus d'une trentaine de modestes canots. Ils sont amarrés à la grève par de solides filins, compte tenu de la puissance des courants locaux et de la forte amplitude des marées.

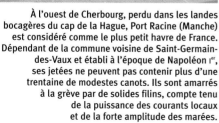

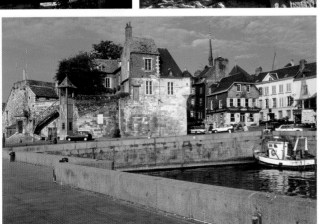

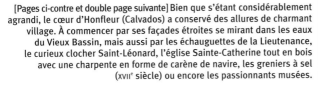

[Pages ci-contre et double page suivante] Bien que s'étant considérablement agrandi, le cœur d'Honfleur (Calvados) a conservé des allures de charmant village. À commencer par ses façades étroites se mirant dans les eaux du Vieux Bassin, mais aussi par les échauguettes de la Lieutenance, le curieux clocher Saint-Léonard, l'église Sainte-Catherine tout en bois avec une charpente en forme de carène de navire, les greniers à sel (XVIIe siècle) ou encore les passionnants musées.

Au large de Lorient, sur l'île de Groix, Port-Tudy (Morbihan) a été longtemps le principal pourvoyeur de thon de France.

Aujourd'hui, les vedettes débarquent toute l'année des milliers de touristes séduits par l'aspect encore sauvage des environs, les coquettes maisons blanches et les petits chalutiers aux couleurs vives.

Villages portuaires

249

[Double page précédente, ci-dessus et ci-contre] Encadrée de crêtes forestières, la rade de Port-Cros (Var) se blottit au pied du fort du Moulin. Seule une trentaine d'habitants habitent de façon permanente les maisons colorées de Port-Cros, doté d'une plage de sable fin. Très escarpés, les environs immédiats s'accompagnent d'une profusion florale et végétale exceptionnelle. Depuis 1963, un parc national marin et terrestre protège strictement ce trésor naturel avec des séjours limités et l'interdiction de camper.

À une dizaine de kilomètres de Royan, le petit port médiéval de Mornac-sur-Seudre (Charente-Maritime) abrite encore des potiers, des peintres, des sculpteurs et des tisserands autour de son église fortifiée. Mais sa principale activité consiste à produire et à affiner de savoureuses huîtres vertes dans ses claires au bord du bassin de Marennes (6 000 ha).

Non sans susciter une certaine polémique, l'architecte François Spoerry a construit à la fin des années 1960 Port-Grimaud à l'emplacement de marais insalubres. Il a voulu donner à cette cité portuaire des allures de Venise avec des ponts et des canaux, tout en conservant la chaleureuse atmosphère méridionale. Les voiliers accostent directement au pied des résidences.

[Double page suivante] Loguivy-de-la-Mer (Côtes d'Armor), peu éloigné de Paimpol, est placé au débouché de l'estuaire du Trieux, en face de l'archipel de Bréhat.

D e la mer du Nord à la Méditerranée, les arabesques de la façade maritime française s'étendent sur plus de 5 500 kilomètres. Des dunes des Flandres aux rochers de la Côte d'Azur, les côtes présentent des aspects très variés.

Bergers et pêcheurs ont été les premiers à s'installer au bord de la mer dans des cabanons de tôle et de bois. Quelques forts et batteries rappellent l'importance stratégique des zones côtières au fil des siècles. Certains hameaux se sont transformés progressivement en stations balnéaires de poche avec des villas colorées de taille modeste, nichées à l'ombre des pins ou des palmiers. Dominant la grève, un sentier des douaniers relie les différents lieux de vie bercés par le bruit des vagues. De quoi raviver les histoires de corsaires, de naufrageurs et de contrebandiers. À quelques encablures du rivage, une cinquantaine d'îles de toutes les formes offrent un dépaysement complet.

La circulation automobile y est inexistante ou très faible. Le meilleur mode de déplacement réside dans la marche ou le vélo. Suivant les régions, les maisons sont en granite massif pour résister aux plus fortes tempêtes hivernales ou basses et blanches pour diminuer l'impact du soleil. Des murets de pierre ceinturent les jardins et les parcelles champêtres. Une végétation typique ou luxuriante s'accommode remarquablement de ces conditions climatiques marines balançant entre le tonique ou le tempéré. Ce paradis exotique s'accompagne de colonies variées d'oiseaux

Villages des îles et du littoral

marins, dont certaines ne nichent que sur les îles et qu'il convient de ne point déranger. Des phoques et des dauphins se croisent régulièrement dans ces eaux riches en poissons et crustacés. Des réserves naturelles protègent les lieux les plus fragiles, et le Conservatoire du littoral achète en permanence des surfaces menacées par la frénésie immobilière pour que l'on puisse continuer à profiter des bienfaits de l'air iodé.

258

L'effilé clocher noir et blanc d'Ars-en-Ré (Charente-Maritime) sert toujours de repère aux navigateurs qui croisent dans le pertuis d'Antioche. L'église possède un intéressant mélange de styles roman, gothique et angevin. Jadis, un incessant flux de chariots acheminait à travers les ruelles le sel des marais voisins au port d'Ars à destination de la Scandinavie et des Pays-Bas.

Plus au sud de l'île de Ré et sur la côte nord bordant le pertuis Breton, La Flotte, tout aussi fleurie et séduisante, a plus d'un attrait touristique, avec les vestiges d'une abbaye cistercienne, le fort de la Prée (XVIIIe siècle), l'écomusée de la vie rétaise, sans oublier le port picaresque. Rappelons aussi que, toute plate, l'île de Ré est le royaume du vélo avec plus de 100 kilomètres de pistes cyclables.

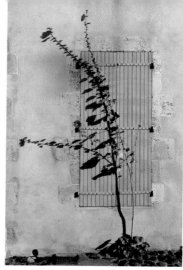

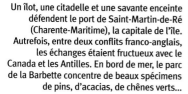

Un îlot, une citadelle et une savante enceinte défendent le port de Saint-Martin-de-Ré (Charente-Maritime), la capitale de l'île. Autrefois, entre deux conflits franco-anglais, les échanges étaient fructueux avec le Canada et les Antilles. En bord de mer, le parc de la Barbette concentre de beaux spécimens de pins, d'acacias, de chênes verts...

[Double page précédente]
Au large de Granville, la Grande Île de l'archipel de Chausey (Manche) est très attachante avec son phare, son fort, sa petite église, ses plages et ses rochers riches en crustacés, son hameau typique et son bétail en liberté. Certaines grandes marées découvrent plus de deux cents rochers, surnommés grunes, pour le plus grand bonheur d'une armada de pêcheurs à pied.

[Page de gauche et ci-dessus] Assez éloignée des côtes vendéennes, l'île d'Yeu (10 km sur 4 km) bénéficie d'un climat très doux qui permet à plus de 800 espèces végétales de s'épanouir. Port-Joinville, aux petites ruelles et aux belles maisons blanches est l'unique port de l'île. Les musées de la pêche et du sauvetage vous expliqueront les us coutumes des habitants.

[Double page précédente, ci-contre, ci-dessus et double page suivante] La rudesse de la vie sur l'île de Sein (Finistère) n'empêche pas d'entretenir des maisons pimpantes. Emergeant d'une chaussée de brisants, l'île de Sein s'étire sur une étroite bande ceinturée d'épaisses digues dans l'ouest de la pointe du Raz. Parmi les curiosités, on remarque des jardins soignés, la station de sauvetage, un puissant phare d'une portée de 50 kilomètres, ainsi qu'un musée consacré à la vie locale et rappelant que tous les hommes avaient rejoint l'Angleterre dès l'appel du 18 juin 1940.

271

[ci-contre, ci-dessus et double page suivante] Bien que mesurant moins de 4 kilomètres, l'île d'Arz est l'une des plus grandes du golfe du Morbihan. Au milieu de champs, de vergers et de marais, le bourg se love autour d'un prieuré, de quelques manoirs et d'une église romane classée. Les nombreuses et élégantes gentilhommières témoignent de la présence d'une longue lignée de capitaines originaire de l'île au XVIIIe et au XIXe siècle. Le moulin à marée du Bono (XVIe siècle) a été remis en service sur l'île d'Arz. Le flot remplit un bassin et, au jusant, des vannes libèrent l'eau actionnant la roue motrice.

[Ci-dessus, ci-contre et double page suivante] La citadelle Vauban domine Le Palais (Morbihan), la capitale de Belle-Île, la plus vaste terre maritime bretonne (17 km de long et 5 à 10 km de large). Animé, Le Palais est une bonne étape pour partir explorer la Côte sauvage, la soixantaine de plages et une multitude de lieux et de localités remarquables. Ne manquez pas le marché du terroir quotidien, le musée historique et la maison de la nature. Avec sa côte très découpée, Le Palais est l'un des rares ports de Belle-Île où les navires de pêche, de plaisance ou de commerce peuvent facilement accoster.

Une cinquantaine d'îlots composent l'archipel de Molène en mer d'Iroise. Un seul d'entre eux, Molène (60 ha), est peuplé de quelques pêcheurs. Les fonds marins possèdent un gisement d'algues particulièrement variées et très recherchées. Une église, un moulin, des calvaires, un sémaphore, des jardinets fleuris, un ancien puits, palient l'absence de végétation.

[Double page précédente et ci-contre] Les remparts de Talmont (Charente-Maritime) occupent une position stratégique au bord de l'estuaire de la Gironde.

Fondé par les Anglais en 1284 sur un promontoire blanc, Talmont est constitué de maisons basses, de tranquilles ruelles fleuries de roses trémières et de la magnifique église Sainte-Radegonde, de style roman saintongeais. La pêche au carrelet se pratique à partir d'embarcations ou d'installations fixes, comme ces cabanes sur pilotis situées en lisière des marais de Port-Marant.

287

Au pied des montagnes

De Gavarnie aux profondes reculées du Jura, en passant par les grands massifs montagneux, l'action des glaciers ou des puissantes rivières a façonné le paysage. Des villages typiques se blottissent ainsi au creux d'enceintes circulaires ou au pied de cimes abruptes souvent couronnées de neiges éternelles.

Quelques hameaux en pierre typiques sont nichés au fond ou en bordure de ces échancrures que l'on rencontre dans les Alpes, le Jura, les Pyrénées et le Massif central. La richesse des alluvions permet de cultiver quelques lopins de terre et d'avoir quelques têtes de bétail. Sur le pourtour de ces combes boisées on entend le chant des cascades. Pour profiter pleinement du paysage grandiose pour les sites les connus, il convient de s'y rendre très tôt le matin ou en dehors des périodes de vacances. Quant à l'habitat montagnard, il s'est d'abord établi dès la préhistoire dans les vallées les plus commodes d'accès desservant les différents sommets. En évitant les couloirs d'avalanche, les villages paysans s'organisent de part et d'autre des torrents en s'appuyant sur les versants souvent asymétriques. Présents surtout dans les Alpes, les chalets en bois sont originaires de Suisse. Leur toit très pentu évite les accumulations de neige. Dans les autres massifs, les constructions sont plutôt en pierre avec de petites ouvertures et des pignons en pas d'oiseau. Chaque vallon possède son patois, ses coutumes originales, ses traditions gastronomiques et ses ritournelles folkloriques. Malgré le développement des industries, puis du tourisme et des sports d'hiver, certaines communes conservent leur charme et leur aspect traditionnel. Un camp de base idéal pour rayonner dans les environs et

Cirques et vallées

découvrir les joies de la montagne sous les flocons, mais aussi sous l'ardent soleil estival, au rythme nonchalant de la balade solitaire ou familiale. Toutefois, comme la mer, la montagne est un milieu parfois dangereux avec de soudains orages violents. Scrutez le ciel, prenez régulièrement des nouvelles de la météo, prévenez de votre départ et tenez compte des conseils avisés des montagnards locaux.

[Ci-dessus, ci-contre et double page suivante] Interdit aux voitures, Bonneval-sur-Arc (Savoie) s'inscrit dans un site fabuleux au pied du versant sud du col de l'Iseran, en périphérie du massif de la Vanoise. Encerclé par des dizaines de sommets dépassant les 3 000 mètres, ce village de haute Maurienne (1 835 m) semble s'être comme figé, avec ses constructions trapues couvertes d'épaisses dalles, adjointes de petits balcons fleuris. Une belle harmonie de pierres rousses et grises enjolive Bonneval-sur-Arc, préservé de la modernité.

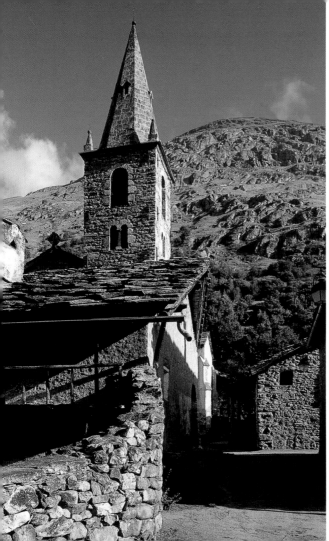

Cirques et vallées

293

Une rude rampe à 15 % rejoint le hameau isolé,
à 2 000 mètres d'altitude, de L'Écot (Savoie),
surplombé par de nombreux glaciers, dont celui
des sources de l'Arc. Les maisons
sont appareillées de solides pierres
avec une agréable note vermillon apportée
par les linteaux, les volets et les poutres apparentes.

L'hiver, la petite plaine savoyarde de Bessans (Savoie)
(1 730 m) est un paradis pour les skieurs de fond.
Au pied des massifs de la Vanoise et du mont Cenis
où serpente l'Arc, on observe ici depuis le XIXe siècle
une profusion d'étranges diables sculptés.
L'église recèle également une riche statuaire
et deux retables colorés.

Pas très loin du célèbre gouffre de Padirac, Autoire (Lot) se blottit au pied d'un cirque rocheux et boisé, d'où jaillit une cascade haute de 45 mètres. C'est une belle harmonie de gentilhommières quercynoises à tourelles, colombages, encorbellements et de compositions arbustives soignées. Avant la Révolution, les notables avaient choisi ce site pour établir leurs somptueuses résidences secondaires.

Au bord du torrent du Giffre, le clocher à bulbe de Sixt-Fer-à-Cheval (Haute-Savoie) annonce l'entrée du plus beau cirque alpestre d'où ruissellent des dizaines de cascades.
Le village s'est établi autour d'une ancienne abbaye fondée au XIIᵉ siècle et possède nombre de granges typiques où sèche le fourrage des troupeaux.

[Page de droite] Les chalets rustiques de Fontcouverte (Hautes-Alpes) jalonnent la très sauvage vallée de la Clarée.

Depuis Issoire, la Couze de Pavin mène à Saint-Floret
(Puy-de-Dôme) sur le chemin des monts Dore. Au milieu
de ce chaos de granit, un donjon perché veille sur le village
aux tuiles rondes écarlates. Le château abrite des fresques
du XIVe siècle évoquant la légende de Tristan et Iseut.
De l'autre côté de la rivière, un vieux pont
conduit à une chapelle romane.

[Page ci-contre] Immense amphithéâtre percé de grottes et couronné de falaises blanches et boisées, la reculée de Baume-les-Messieurs (Jura) est ornée d'une jolie abbaye fondée vers 870 au pied de la source de la Seille. Le hameau a profité jusqu'au XVIIIe siècle des fastes des ordres successifs. Entaillant profondément le plateau jurassien, les rivières ont peu à peu façonné dans les environs bon nombre de cirques aussi spectaculaires.

Principale bourgade de la vallée d'Aspe
sur la route de l'Espagne, Bedous (Pyrénées-
Atlantiques) se trouve au cœur d'un vaste vallon
pastoral ponctué de remarquables édifices
religieux. Du belvédère, on découvre l'église,
les imposantes maisons typiques et les arcades
des anciennes halles.

[Double page suivante] S'étageant sur un coteau
de la vallée d'Ossau, Bescat (Pyrénées-Atlantiques)
a pour ligne de mire les crêtes boisées d'Izeste
soulignées par des cimes enneigées.

Entre les gaves de Pau et d'Oloron
se rencontrent les thermes salés
de Salies-de-Béarn (Pyrénées-Atlantiques)
exploitées depuis l'époque médiévale.
D'allure gothique, le village présente
de belles demeures aux toitures brunes
pentues parfois édifiées sur pilotis,
datant du XVIe au XVIIIe siècle,
mais aussi quelques gondoles,
de délicates fontaines et des hôtels
de luxe de style mauresque ou italien.

Le campanile blanc
de Saint-Véran
(Hautes-Alpes), plus haute
commune d'Europe,
défie les montagnes
environnantes.

Longtemps les sommets sont restés vierges de présence humaine. Malgré des conditions climatiques hivernales plutôt rudes, des villages sont apparus sur des hauts plateaux ou à des altitudes parfois supérieures à 2 000 mètres.

On en trouve sur les routes de transhumance, de cols stratégiques, ou bien au cœur de vastes zones pastorales et champêtres. Au royaume des chamois et des bouquetins, cet isolement relatif renforce les liens entre les habitants, qui bénéficient d'un air pur et d'un environnement exceptionnel. Les traditions y sont encore bien vivaces. Avec un développement raisonné, certains hameaux voués à la disparition se sont reconvertis en petites stations montagnardes privilégiant le ski nordique, les balades avec des raquettes et les activités estivales de sport nature. Pour lutter contre le froid, les maisons exposées au midi comportent des murs épais renforcés de bardeaux boisés. Contre le gel, les façades exposées au nord reçoivent souvent un habillage supplémentaire de tôles ou d'écailles de bois caractéristiques, nommées tavaillons et installées par de véritables artisans. Dans cette optique, la toiture assure également une fonction essentielle. L'inclinaison des pans évacue la neige. Dans d'autres régions, le toit plat confère aux flocons le rôle d'un matelas thermique. Tuiles en bois ou lourdes lauzes complètent la couverture. Entre la grange, au grenier, et l'étable, au rez-de-chaussée, le logis reste chaud et douillet en permanence.

Villages d'estive et d'altitude

Des balcons permettent dès le moindre rayon de soleil de faire sécher le linge, les bûches et les récoltes. Coiffées d'un bulbe ou d'un campanile, les églises abritent de précieux retables. Et l'écho des montagnes propage le sifflement des marmottes et la musique des clochettes des troupeaux arpentant librement les pacages, protégés de l'ours et du loup par d'efficaces chiens de berger, sous le vol majestueux de l'aigle.

Placée sur un seuil de l'ascension du col du Lautaret qui relie Grenoble à Briançon, La Grave (Hautes-Alpes) occupe à 1 482 mètres d'altitude une position privilégiée dans la vallée de la Romanche. Les glaciers étincelants de la Meije et les aiguilles d'Arves surplombant un groupe de bâtiments traditionnels serrés autour d'une église romane et d'une chapelle ornée de fresques, ravissent les nombreux touristes.

En contrebas du massif des Écrins, Vallouise (Hautes-Alpes) regorge de fontaines, de cadrans solaires, de maisons typiques aux arcades et de balcons de bois. L'église de style lombard est aussi richement décorée à l'extérieur qu'à l'intérieur. Une brasserie artisanale produit également de savoureuses bières locales grâce à la pureté de l'eau de la montagne.

Villages d'estive et d'altitude

À 2 040 mètres d'altitude, Saint-Véran (Hautes-Alpes)
a le rang de plus haute commune d'Europe. En plein
cœur du Queyras, elle se trouve à l'écart de la montée
du col Agnel marquant la frontière avec l'Italie.
Les chalets rustiques dotés de greniers et de balcons
de séchage témoignent depuis des lustres
de l'importance de l'agriculture dans cette région
isolée. De majestueux sommets encadrent le site.

Villages d'estive et d'altitude

[Double page précédente] Le Jadis (Hautes-Alpes)
constitue l'un des nombreux hameaux qui s'égrènent
au fil de la bucolique Clarée.

Au nord du Briançonnais (Hautes-Alpes), Névache (1 594 m)
est la capitale d'une vallée authentique agrémentée de dentelles
rocheuses tourmentées. Une multitude de forts, de cabanes,
de chapelles et d'oratoires s'échelonnent dans les alpages
environnants et sur les hauteurs les plus élevées.
Une remarquable église avec ventaux gotiques
et retable baroque jouxte le trésor du château.

[Double page précédente]
Accroché à la falaise, Roubion (Alpes-Maritimes) s'élève à 1 300 mètres d'altitude et surplombe les profondes gorges de la Vionène.

Entre deux défilés proches de la frontière espagnole, le village de Sainte-Engrâce (Pyrénées-Atlantiques) se situe dans la haute Soule. Sous les trois nefs de la collégiale romane, une vingtaine de chapiteaux colorés sont sculptés de scènes bibliques et érotiques. Remarquables aussi sont les stèles discoïdales du cimetière qui datent du Moyen Âge avec, à l'horizon, le pic d'Anie (2 504 m).

Les élégantes maisons blanches
de Bilhères (Pyrénées-Atlantiques) forment
un saisissant balcon panoramique entre
la vallée d'Ossau et le plateau pastoral
de Bénou qui conduit au célèbre col
de Marie-Blanque. Des pierres ouvragées
encadrent les portes des demeures les plus
historiques (XVIe et XVIe siècle).

Une statue de la vierge veille
à la destinée du village d'Usson
(Puy-de-Dôme) au pied
d'une butte de basalte boisée.

Profitant de matériaux variés et présents en abondance, des villages se sont formés depuis l'époque gallo-romaine sur des buttes, des pitons, des planèzes, des éperons volcaniques, des coulées de lave ou bien au pied d'un neck, d'un dôme, d'orgues, d'un puy acéré ou encore à proximité d'un cratère.

Ce décor spectaculaire a été sculpté lors du refroidissement de la lave. La plupart de ces communes se situent dans le Massif central ou sa périphérie, zone de l'activité volcanique la plus intense. Mais on déniche aussi quelques volcans en Corse, dans les Pyrénées et sur le rivage de la Méditerranée. Facile à travailler, la roche noire est très solide et résiste à tous les types d'agressions. L'extrême dureté de la pierre de Volvic a ainsi été souvent choisie pour des bordures de trottoir. Les maisons des villages des volcans se caractérisent par des murs épais, résistant aussi bien au froid qu'à la canicule. Des constructions déjà pionnières en matière d'économie d'énergie. Parmi les scories, on emploie aussi de la pouzzolane rouge ou du tuf, agrégat de cendres et de débris volcaniques. Tandis que l'andésite noire ou grise offre des reflets violets. Certaines toitures sont constituées de charpentes massives sur lesquelles reposent de lourdes dalles de phonolithe, roche émettant un son particulier lorsqu'on la frappe. Profitant des terres fertiles pour leurs cul-

Villages volcaniques

tures, les villageois ont également exploité les possibilités géologiques comprenant de nombreuses sources minérales et parfois la géothermie pour se chauffer. Parallèlement s'est développé un florissant thermalisme calmant des dizaines d'affections, qui draine des milliers de curistes. Des sentiers et des routes en corniche permettent de prendre de la hauteur pour contempler cet étrange univers volcanique.

Au sud de l'agglomération clermontoise, Saint-Saturnin (Puy-de-Dôme) est fièrement campé sur sa plate-forme, contrôlant les gorges de la Monne. Cet ancien fief des seigneurs de la Tour d'Auvergne conserve un monumental château médiéval, une fontaine Renaissance, une des perles de l'art roman religieux, sans oublier les demeures vigneronnes et les échoppes des artisans.

[Double page suivante]
Les remparts du belvédère naturel de Saint-Saturnin ménagent d'agréables vues sur les puys voisins.

[Ci-dessus, ci-contre et double page suivante] Perchées au-dessus du vallon de la Doire, les pittoresques bâtisses en tuf de Tournemire s'organisent autour d'une petite église romane et de charmantes placettes. Au loin, on devine la silhouette verte du puy Mary (1 787 m), le plus vaste volcan d'Europe.

Villages volcaniques

Sur la frange des monts du Livradois, l'ancien nid d'aigle fortifié d'Usson (Puy-de-Dôme) est encore gratifié de quelques tours, d'une église romane et de bâtisses anciennes. Toutes en pierres volcaniques, elles se coiffent de tuiles rouges. Un panorama complet dévoile la vallée de l'Allier et toutes les chaînes des puys de la région.

Les trésors
des campagnes

Adossé à la Montagne
de Reims, Trépail (Marne)
domine un océan de vignes
aux rangs réguliers où
officient une cinquantaine
de producteurs.

O btenir de bons fruits nécessite un patient labeur de tous les instants. Il faut tailler, greffer, élaguer, prévenir le gel et la sécheresse... C'est pourquoi les villages dont les principales activités s'organisent autour des travaux des champs ont leur propres particularités.

Mis à part les châteaux isolés du Bordelais, les vignerons occupent souvent de splendides demeures villageoises à flanc de coteau. Belle vitrine de la prospérité qu'apporte le vin de qualité, cette richesse se traduit par des porches monumentaux, des fresques, des mosaïques ou des peintures murales racontant le travail de la vigne. Elle requiert en effet des soins quotidiens. Des enseignes multicolores en fer forgé signalent les bonnes adresses. Après le plaisir des yeux, l'appel des sens se poursuit dans le caveau de dégustation qui agrémente bien des propriétés. Autour du 22 janvier, fêtes, folklore et processions chamarrées sont de mise, lors de la Saint-Vincent, fête du patron des vignerons, sous la conduite des membres costumés des confréries. À l'automne vient le temps des vendanges dont le début de la campagne est déterminé par un arrêté préfectoral officiel. Suivant les régions et le type de vin recherché, elle peut s'étaler des premiers jours de septembre à la fin d'octobre. Les collines et les bois environnants se parent alors de mille couleurs. Certaines récoltes tardives se produisent lors des premiers frimas aux portes de l'hiver pour obtenir des crus très sucrés. La minutieuse cueillette des fruits, qui implique bon nombre de fidèles saisonniers, apporte elle aussi son lot de réjouis-

Villages des vignes

sances et de farandoles nocturnes. La mécanisation souvent ingénieuse facilite le travail des vignerons. Mais certains arpents prestigieux ou trop escarpés nécessitent encore le geste auguste de l'homme. Les précieuses grappes sont rapidement rangées à l'abri des intempéries. Selon l'usage auquel celles-ci sont destinées, un entêtant parfum gourmand s'échappe alors des caves, des pressoirs ou des alambics du village.

Situé à l'ouest de Condom, Montréal (Gers) est la capitale de la Ténarèze. Avec son église fortifiée gothique monumentale, sa place typique ponctuée d'arcades et ses demeures à pans de bois sur une hauteur de la vallée de l'Auzoue, il s'agit d'un des joyaux de la région du vignoble de l'Armagnac. On y fabrique une eau-de-vie qui titre 42 degrés et vieillit dix ans en fût de chêne avant de pouvoir être savourée.

343

[Pages ci-contre et double page suivante] Au pied des Dentelles de Montmirail, à chaque bourg correspond un nectar particulier. C'est le cas de Séguret (Vaucluse) couronné par les ruines de son château féodal. Porches, beffroi, artisans, église romane, fontaine des Mascarons, ruelles pavées pentues lui donnent un irrésistible cachet en surplomb de la plaine du Comtat Venaissin.

Juché au sommet d'un éperon, Minerve
(Hérault) toise fièrement le canyon
de la Cesse. Cette ancienne forteresse
occupe un site stratégique spectaculaire
accessible par un unique pont.
Des échoppes d'artisans et des caveaux
de dégustation de vin animent les venelles
médiévales.

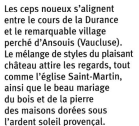

Les ceps noueux s'alignent
entre le cours de la Durance
et le remarquable village
perché d'Ansouis (Vaucluse).
Le mélange de styles du plaisant
château attire les regards, tout
comme l'église Saint-Martin,
ainsi que le beau mariage
du bois et de la pierre
des maisons dorées sous
l'ardent soleil provençal.

[Double page précédente]
Plus de cent vignerons vous
proposent leurs meilleures
bouteilles dans le prestigieux
vignoble de Saint-Émilion
(Gironde) autour d'une
charmante cité médiévale
bâtie en pierres dorées.

Villages des vignes

[Pages ci-contre] Au débouché d'une combe boisée de cèdres, Lourmarin (Vaucluse) est entouré par les vignes et les oliviers. La terrasse du château Renaissance donne un bon aperçu des crêtes forestières du Luberon, toutes proches. Au détour des ruelles, on découvre des fontaines, la Tour de l'horloge, une église classée et des boutiques d'art et de gourmandises. Un charme apprécié par les écrivains Henri Bosco et Albert Camus qui reposent ici.

Au sud de la Montagne de Reims, Hautvillers (Marne) est jalonné d'enseignes remarquables en fer forgé évoquant les métiers typiques. C'est au cœur de l'abbaye bénédictine que Dom Pérignon a mis au point au XVIIIe siècle les techniques de champagnisation. Le point de vue sur les vignes et la vallée de la Marne est absolument exceptionnel.

[Double page suivante]
L'église de style roman
saintongeais de Bouteville
(Charente) s'épanouit
au milieu des crus
de cognac et de pineau.

Des milliers de touristes se pressent chaque année en Alsace à Riquewihr (Haut-Rhin). On admire les riches demeures vigneronnes multicolores dotées de force enseignes, colombages, balcons fleuris, pignons à volutes et vitraux ouvragés. Dans les nombreuses auberges, on déguste le fameux riesling du cru dans une ambiance semblant arrêtée au XVIᵉ siècle.

[Ci-contre, ci-dessous et double page suivante] La butte de Mittelbergheim (Bas-Rhin), étape marquante de la route des vins, où l'on cultive la vigne depuis le temps des Romains, se situe entre les localités de Barr et d'Andlau. Le village possède de charmantes constructions Renaissance, une église en grès rouge ainsi qu'un des plus beaux hôtels de ville de la région.

361

La Chapelle-aux-Bois (Vosges)
s'est établie au fil du Bagnerot
entre deux massifs forestiers.

J adis, les espaces sylvestres recou-
vraient la majeure partie de l'Europe.
Malgré le défrichement, les incendies, l'agriculture intensive et l'urbanisa-
tion galopante, la forêt occupe encore près
d'un tiers de la superficie de la France, soit
près de 17 millions d'hectares.

Chaque année, cette surface augmente
même sensiblement. Longtemps, ces boise-
ments sont restés vierges en raison de leur
inhospitalité. Ours, loups et brigands, y
semaient la terreur.
Ensuite, au fil des
époques, l'exploita-

Au cœur des forêts

tion des grumes et la pratique de la chasse
ont obéi à des règles strictes. Le bois étant
précieux, les multiples propriétaires sur-
veillent farouchement leur bien. Quelques villages s'installent néanmoins en lisière ou
dans les clairières des massifs. Il s'agit de travailler au plus près, en logeant parfois dans
des cabanes ou des campements de fortune.
Autour des chasseurs, des bûcherons, des
charbonniers, des charpentiers et des menui-
siers se développent des forges, des scieries,
des verreries, des tonnelleries et des papete-
ries. De nombreux artisans construisent leurs
échoppes dans ces villages pour tirer profit
des richesses de la forêt et de la variété des
essences des arbres. Aux chalets rudimen-
taires succèdent de robustes maisons en
pierre qui, aujourd'hui, sont rénovées par
des citadins en quête de calme et de verdure,
en prenant parfois des allures de petits
manoirs. Les toits se distinguent aussi par
des compositions originales. À base de paille,
le chaume est toujours employé. Mais
d'étonnantes réalisations végétales font
appel au jonc, au seigle, et même au genêt.
Tuiles et ardoises sont toutefois plus répan-
dues. Ces villages isolés sont desservis par
de petites routes forestières. Dépaysement
assuré avec la faune sauvage que découvre
le paisible promeneur à la tombée de la nuit.
Une chapelle ou une petite église complète
l'harmonie d'ensemble à l'ombre des futaies
colorées.

Entouré par les épaisses forêts du massif du Donon, Saint-Quirin (Moselle) comporte une magnifique église baroque coiffée de trois bulbes. Sur la colline d'en face, une chapelle romane offre un superbe panorama du pays de Sarrebourg, réputé pour ses habiles souffleurs de verre et ses maîtres de l'art du vitrail.

Fondée par des chevaliers médiévaux, la cité fortifiée de Cardaillac (Lot) se perd dans les hauteurs sylvestres du Ségala. Elle s'est peu à peu transformée en une puissante baronnie au XIVe siècle jusqu'à devenir un bastion du protestantisme, détruit par Richelieu au XVIIe siècle. Au cœur du village, d'intéressants vestiges historiques rythment votre visite dans les venelles surplombant la vallée du Drauzou.

La seigneurie de Gerberoy (Oise)
occupe une position stratégique
entre le Beauvaisis et le pays de Bray.
Les coquettes demeures en torchis,
briques, silex et colombages colorés
sont soulignées par une exceptionnelle
floraison de roses. Une tour carrée,
une porte fortifiée et un pavage irrégulier
ajoutent au pittoresque. Le musée
d'Henri Le Sidaner rassemble les œuvres
picturales des paysages des lieux.

Entre Vézère et le massif des Monédières, Treignac (Corrèze) émerge du couvert forestier et d'un amoncellement de rochers et de bruyères. Un pont gothique relie les deux rives, tandis que clocher hexagonal et solides maisons de granit rivalisent de distinction avec leurs tourelles, portails sculptés et toitures d'ardoises.

373

[Ci-dessus, ci-contre et double page précédente] Au pied du versant nord de la montagne boisée du Luberon, Ménerbes (Vaucluse) domine les vignes, les truffières et les garrigues qui s'étendent jusqu'au Ventoux et aux portes de Gordes. Son séduisant patrimoine se compose d'une citadelle, d'une église du XIVᵉ siècle, d'un castel Renaissance et d'un porche accolé à un campanile horloger. On y déniche aussi un curieux musée de l'Histoire du tire-bouchon.

Les gentilhommières de Lyons-la-Forêt (Eure) prennent tout leur éclat lors de la floraison printanière. Villégiature jadis appréciée du compositeur Maurice Ravel, Lyons-la-Forêt se trouve au milieu d'une giboyeuse forêt de près de 11 000 ha, où le hêtre domine. D'impressionnantes halles, la salle du Bailliage, de très anciennes demeures à briques ouvragées, pans de bois, colombages et torchis embellissent le bourg.

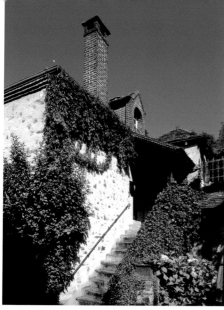

Le promontoire de Gargilesse (Indre) se trouve
à proximité des boucles boisées de la vallée
de la Creuse. Ce havre de verdure garde le souvenir
des longs séjours de nombreux artistes et écrivains,
comme Claude Monet ou George Sand.
Fresques antiques et chapiteaux figuratifs décorent
l'église romane, tandis qu'une poterne
et deux tours rappellent le passé défensif médiéval.

[Ci-dessus et ci-contre] L'ancien golfe marin du marais Vernier (Eure) s'étend sur plus de 5 000 hectares, bordé par la Seine et le pont de Tancarville. Ce magnifique espace naturel est parsemé de chaumières à colombages dont le faîte du toit en chaume est planté d'iris. Son pourtour méridional est constitué de coteaux boisés s'achevant par le phare de la pointe de la Roque signalant l'estuaire de la Seine.

[Double page suivante] Les terrasses de Mandagout (Gard) s'étagent au-dessus de la vallée de l'Arre et du Vigan. Il s'agit d'une petite clairière agricole dans les denses forêts des Cévennes sur le chemin de l'Espérou et du mont Aigoual. Une quarantaine de hameaux du même style se dispersent ainsi dans la montagne, desservis par des routes étroites et très sinueuses.

Avec ses pavés, ses rosiers grimpants et ses plantes multicolores, Gerberoy (Oise) a un charme fou.

Pour mettre en valeur leur commune, édiles et habitants rivalisent d'enthousiasme et d'élégance. Cette amélioration de l'environnement et du cadre de vie s'accompagne souvent d'espaces verts paysagers parfaitement entretenus.

Le fleurissement, qui change au fil des quatre saisons, offre une variété de massifs et de plantations colorés, de plantes grimpantes, vivaces, arbustives, de compositions originales. Cette harmonie entre le monde minéral et le monde végétal dévoile son charme. La balade villageoise s'effectue sereinement, tout en nuances et en senteurs, sans heurter le regard. De subtiles combinaisons chromatiques mêlent les espèces classiques aux essences les plus rares. Les richesses oubliées du patrimoine local, telles que les moulins, les lavoirs, les fontaines, les colombiers ou les kiosques à musique sont ainsi parés des plus beaux atours. Cela permet aussi au bâti traditionnel de révéler son identité propre. Depuis près de cinquante ans, un label national récompense les réalisations les plus admirables. Sur les douze mille bourgades inscrites (soit un tiers des communes françaises), la majorité possède moins de mille habitants. Seules près de deux cents obtiennent quatre fleurs, le summum figurant sur le panneau d'entrée de la localité. Parmi celles-ci, une cinquantaine de petits villages se distinguent par leurs efforts créatifs. Ils proposent chaque année de nouvelles surprises thématiques. Désormais, on

Villages fleuris

n'utilise plus de produits chimiques mais des insectes. Ainsi les coccinelles vont éliminer les pucerons. Les plantes sont également adaptées au climat ambiant pour éviter qu'elles ne soient trop gourmandes en eau. Cette valorisation florale est un atout touristique qui va de pair avec la qualité de l'accueil des visiteurs. Ce sens poétique du goût et de l'innovation suscite d'ailleurs de nombreuses vocations de jardiniers.

L'oasis floral de Veuil (Indre) est nichée dans la vallée du Nahon ponctuée de moulins, non loin du château de Valençay dans la région du Berry. Dans cette ancienne cité drapière, la décoration se concentre autour d'une antique fontaine, des espaces verts, du four à pain et pare chaque demeure de couleur.

Le village vigneron d'Aubigné-sur-Layon
(Maine-et-Loire) produit de fameux vins blancs
moelleux. Accompagnant un prieuré, une forteresse
médiévale ainsi qu'une remarquable église, treilles
et plantes vivaces ornementent les façades
et le moindre muret ou escalier. Ce qui contribue
à perpétuer la légendaire douceur angevine.

Entre le causse de Limogne et les vergers du bas Quercy, Cayriech (Tarn-et-Garonne) s'intègre dans un écrin de verdure à équidistance de Caussade et de Caylus. Le village se distingue jusqu'au niveau européen pour l'excellence de sa réhabilitation. Lavoir, granges, pigeonniers, église typique sont soigneusement mis en valeur par une abondance de fleurs et de plantes variées.

Étape gastronomique réputée d'une ancienne voie romaine, Itterswiller (Bas-Rhin) présente un visage alsacien traditionnel entre Obernai et Sélestat. À côté du clocher gothique, des jardinières s'accrochent aux balcons de bois de maisons pimpantes déjà très colorées, complétées par des pergolas et des massifs floraux.

La Cropte (Mayenne) est paisiblement installée au bord de la bucolique Vaiges dans un univers champêtre. Les demeures traditionnelles en schiste ardoisier se groupent au pied d'une église classée datant du XIe siècle. L'ensemble est embelli par une riche et originale collection d'espèces végétales, autour du lavoir et des arches du pont.

Halte fluviale des bateaux de plaisance de la Mayenne en pays Segréen, Chenillé-Changé (Maine-et-Loire) est un hameau de caractère. Protégé par une tour crénelée et un château néo-gothique, le village possède également un gigantesque moulin à farine, fondé au XIIe siècle, qui a été remis en service au bord de l'eau.

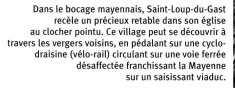

Dans le bocage mayennais, Saint-Loup-du-Gast
recèle un précieux retable dans son église
au clocher pointu. Ce village peut se découvrir à
travers les vergers voisins, en pédalant sur une cyclo-
draisine (vélo-rail) circulant sur une voie ferrée
désaffectée franchissant la Mayenne
sur un saisissant viaduc.

Le hameau agricole de Guyencourt-Saulcourt (Somme) se situe dans les bois et les immenses champs du Santerre, à une quinzaine de kilomètres de Péronne. Rasé pendant la Première Guerre mondiale, il a retrouvé son aspect rural. Plus de 15 000 plantes produites sur place forment un inoubliable jardin botanique où se mêlent les espèces les plus diverses.

Placé entre les vignes et les forêts du parc naturel de la Montagne de Reims, Chamery (Marne) se repère de loin avec son clocher haut de 56 mètres datant du XIIᵉ siècle. Hottes, barriques, pressoirs, pupitres traditionnels servent d'écrins aux compositions florales de ce bourg vigneron typique de la route du Champagne.

Dominées par les vignes de la côte des Bars, les maisons fleuries de Neuville (Aube) s'alignent de part et d'autre des berges de la Seine, aux confins de la Bourgogne. Au pied du plateau des Riceys, une dominante de rouge et de jaune s'harmonise avec la végétation située en bord du fleuve.

À l'est de Vannes, l'austère granit gris de La Vraie-Croix (Morbihan) s'illumine de fleurs et de bosquets multicolores courant sur les façades et les rampes d'escalier. La chapelle du XIIIe siècle contient une relique de la croix, ramenée de Jérusalem au retour d'une croisade. Des fontaines et des jardins thématiques apportent beaucoup d'animation.

Villages fleuris

Situé dans le territoire
du parc naturel Normandie-
Maine, Saint-Fraimbault (Orne)
se fait connaître, depuis les
années 1960, par une véritable
révolution florale. Les fermes
sont fleuries. Chaque famille
aménage son jardin particulier.
Le parc de la mairie est
aromatique. Un parcours
botanique sillonne le village,
sans oublier le superbe
aménagement des berges
du lac de 3 hectares.

Entre charme
et insolite

Un crépi coloré orne
chaque façade des maisons
alsaciennes traditionnelles
de Ribeauvillé (Haut-Rhin).

C et élément architectural vraiment particulier apporte un certain cachet aux fermes et demeures villageoises. Bien que très répandu dans le bocage normand, il est présent dans de nombreuses régions françaises.

À l'origine, le mot colombage ou colombe serait synonyme de colonne. Ce style robuste et bon marché était très en vogue au Moyen Âge et à la Renaissance. Le développement des stations balnéaires à la fin du XIXe siècle a favorisé la mode des colombages pour enjoliver les somptueuses villas. Reposant sur de solides fondations en pierre, les pans de bois de chêne sont agencés de façon oblique, verticale et transversale. Grâce à un système d'éclisses ou de chevilles, cette ossature bien charpentée peut supporter toutes les contraintes. Souvent, le montage de cette structure était d'abord effectué à plat sur le sol pour tailler chaque poutre à la dimension exacte. Soigneusement numérotés, les éléments étaient alors transportés sur le chantier de construction. Parfois, des balcons et des encorbellements sculptés ainsi que des linteaux et des poteaux décorés donnent du lustre au logis. Un assemblage léger de briques, de torchis ou quelquefois de galets remplit les interstices du mur. Les façades s'harmonisent généralement avec des enduits et des parements blancs ou ocre, voire multicolores en Alsace. À l'intérieur de la maison, les parois sont simple-

Villages de colombages

ment recouvertes de chaux, de plâtre ou d'un mélange de craie. En Champagne, beaucoup d'églises et de villages sont entièrement agencés en pans de bois. Pour résister aux intempéries et aux parasites, les colombages sont protégés par un badigeonnage huileux. Les fréquents incendies ont malheureusement provoqué la destruction de nombre de ces villages en bois.

Au sud-ouest de Colmar, Eguisheim (Haut-Rhin), la cité natale du pape Léon IX, organise de façon concentrique ses demeures médiévales typiques avec leurs oriels, porches armoriés et cours colongères fleuries autour de son château. Eguisheim abrite également la plus importante cave coopérative de la région.

Niché dans un écrin de vignes et de verdure, Kaysersberg (Haut-Rhin) constitue une étape stratégique sur la route du col du Bonhomme, sur la rive de la vallée de Weiss. Cette bourgade médiévale ceinturée de murailles est défendue par un puissant donjon, et son église figure parmi les joyaux de l'Alsace.

Une petite grimpette mène au magnifique village de Gerberoy (Oise), aux colombages parfois peints en bleu et à l'antique collégiale. Cet enchanteur entrelacs de ruelles pavées fleuries a séduit de nombreux artistes et notables au XIXᵉ siècle. On peut y déguster quelques spécialités gastronomiques picardes.

Juché sur une colline et blotti contre son église fortifiée, Hunawihr (Haut-Rhin) présente tous les styles de colombages, avec des coloris particulièrement éclatants allant du violet au jaune citron, en passant par le rose et l'orange. L'église et le cimetière fortifiés valent aussi le détour, tout comme le parc des Cigognes et la serre de papillons vivants.

Villages de colombages

[Double page suivante] Au pied
des Vosges, couronnées
de silhouettes de châteaux,
Ribeauvillé (Haut-Rhin) impose
sa splendeur avec ses maisons
à colombages multicolores
et ses nombreuses placettes
agrémentées de fontaines.

413

À Hunspach (Bas-Rhin), situé près de la frontière allemande entre Wissembourg et l'immense forêt de Haguenau, on s'est contenté de peinture blanche et de fenêtres en saillie pour mettre en valeur le dessin géométrique des colombages. Seul le clocher du temple est bâti en grès rose.

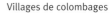

[Ci-contre, ci-dessus et double page suivante] Une concentration unique de belles maisons à colombages avantage Beuvron (Calvados) dans le bocage normand du pays d'Auge, terroir de fameuse tradition fromagère et volaillère. Le village est également une étape clef de la route du cidre.

419

Au bord du grand lac du Der (4 800 ha), Sainte-Marie-du-Lac-Nuisement
(Marne) préserve les traditions locales de la région avec sa ferme, son église
et son colombier équipés de solides colombages en chêne. Les façades exposées
aux intempéries de l'ouest sont souvent recouvertes d'écailles de bois.

[Ci-dessus et double page suivante] Le pays du Der comporte une dizaine de villages blancs typiques à pans de bois, rivalisant de raffinement dans le bocage champenois.

Au bord de la Vézère, la falaise
de La Madeleine (Dordogne)
a été habitée dès le IXe siècle.

Dès la préhistoire, les premiers hommes ont élu domicile dans des grottes ou des cavernes naturelles. Au fil du temps, cette tradition s'est perpétuée, bien souvent pour des raisons économiques qui évitaient de construire de coûteuses maisons.

Il suffisait en effet de creuser des roches tendres et friables dans les coteaux et les falaises pour s'aménager rapidement un logis modulable offrant une très agréable température constante été comme hiver. Des conditions idéales qui ont permis de développer parallèlement des champignonnières ou des élevages de vers à soie. Ces habitations servaient aussi de refuge en cas de menace guerrière, avec un système d'échelles, de souterrains et d'entrées camouflées. À la Renaissance, de nombreuses demeures troglodytiques sont dotées de façades ouvragées d'une blancheur éclatante. Faciles à travailler,

le calcaire et le tuffeau permettaient alors toutes les fantaisies architecturales. Les plus belles pierres extraites de ces cavités ont servi à construire les châteaux de la Loire. Jusqu'au début du XXe siècle, paysans et artisans se regroupaient encore dans ces villages pittoresques en aménageant caves, granges, étables, ateliers, écuries… Beaucoup de ces lieux ont été

Villages troglodytiques

abandonnés et sont dissimulés par la végétation. Mais un grand nombre sont encore occupés. Certaines excavations ont été transformées en insolites chambres d'hôtes souterraines. Les territoires les plus propices se situent en Anjou et en Touraine. Mais des sites troglodytiques sont aussi visitables en Alsace, en Provence, en Picardie, en Aquitaine et en Normandie.

[Ci-contre] À proximité d'Azay-le-Rideau se dissimule la secrète vallée troglodytique des Goupillières (Loir-et-Cher). On découvre, creusé dans le tuffeau, un étonnant ensemble d'étables, de masures paysannes, de fours à pain, de remises à grain ou encore un souterrain, refuge datant du Moyen Âge. Un univers évoquant la vie ancestrale dans la campagne de la Touraine.

[Double page suivante] En cas d'invasion, toute la population pouvait se réfugier dans les cavités de La Madeleine grâce à une source et quelques fortifications.

429

La vallée sauvage de la Vézère conduit aux dizaines de grottes préhistoriques des Eyzies-de-Tayac (Dordogne). On peut y voir une exceptionnelle concentration d'armes, d'outils, d'ossements, de gravures et de peintures rupestres remontant à l'époque des hommes de Neandertal et de Cro-Magnon. Une église ocre, fortifiée (XIIe siècle), rajoute du lustre au site.

Villages troglodytiques

Perché sur une colline de la vallée du Loir, à l'ouest de Vendôme, Troo (Loir-et-Cher) abrite une multitude de galeries transformées au fil du temps en coquettes villas. Une collégiale et une maladrerie romanes, des peintures murales de style byzantin ainsi qu'une grotte pétrifiante enrichissent ce village d'origine féodale.

Avec son éclatante
couleur caractéristique,
Collonges-la-Rouge (Corrèze)
est un site incontournable
fondé au VIIIᵉ siècle.

Ocre, grès pourpre, brique rouge, pierre bleue ou dorée, chaux blanche, marbre rose, calcaire jaune, certains lieux remarquables affichent une belle unité de couleur.

Du sol aux toits en passant par les façades se dévoile un éclatant festival de couleurs. Le contraste est saisissant avec la nature environnante. La teinte de ces villages provient des matériaux et des minéraux employés ou de l'enduit appliqué avec soin. Le plus souvent, on a puisé les ressources des carrières avoisinantes. Autrefois, le badigeon rouge était effectué au moyen de sang de bœuf. Du Moyen Âge à nos jours, les cités bigarrées se rencontrent aussi bien dans le nord que le sud de l'Hexagone. Généralement, un seul coloris est exploité, mais, dans certains cas, la palette se décline en plusieurs tons, principalement en Alsace. Vif ou pastel, tout est affaire de nuances et dépend de l'histoire et de l'emplacement du village. Des tuiles vernissées multicolores peuvent amplifier ce joyeux phénomène. Le soleil illumine le moindre détail et met en valeur les fantaisies architecturales. Les demeures de ces villages s'accordent en effet avec cette coloration en développant une profusion d'arcades, de passages, de tonnelles, de tourelles et d'escaliers. Les plus belles pierres de taille encadrent les portes et les fenêtres. Un soupçon de plantes grimpantes drape de verdure quelques pignons ou murailles. La volonté des habitants successifs perpétue cette harmonie qui s'appuie sur un savant équilibre des

Villages colorés

proportions des différents édifices. Il ne suffit parfois que d'un trait de couleur pour mettre en valeur l'authenticité d'un édifice. Et lorsque le ciel devient gris, la couleur réchauffe et remonte le moral. L'épiderme de cette pierre vivante fait l'objet de toutes les attentions, car elle subit les affres du temps qui passe, pour continuer de ravir les milliers de visiteurs venant du monde entier.

Au sud-est de Brive-la-Gaillarde, Collonges mélange harmonieusement ses castels et ses logis de grès rouge, agrémentés de tourelles, de lucarnes, d'échauguettes, de fenêtres à meneaux et de toits en ardoises ou en lauzes. Porche et encorbellement distinguent en outre la maison de la Sirène (XVIᵉ siècle)(ci-contre).

Toujours à Collonges-la-Rouge, admirez la blancheur du tympan finement sculpté de l'église fortifiée Saint-Martin, surmonté d'un clocher octogonal de style roman limousin. La chapelle des Pénitents avec ses nombreux blasons peints ou sculptés dans la pierre mérite également le détour.

[Double page suivante] Collonges-la-Rouge est ceint de prés verdoyants dans lesquels il est agréable de se promener.

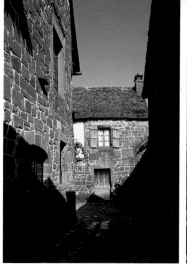

C'est en automne qu'Espelette
(Pyrénées-Atlantiques) prend
tout son éclat, avec ses piments
séchant sur les murs
des maisons rouge et blanc.
Il s'agit également du royaume
du petit cheval sauvage pottok
qui sert d'emblème au village.

[Double page précédente, ci-dessus et ci-contre] Perché au milieu des vergers, l'admirable Roussillon (Vaucluse) est dominé par la montagne bleutée du Luberon. Entouré de falaises de couleur sang et de la chaussée des Géants, le village classé de Roussillon (Vaucluse) est au cœur de la symphonie colorée des ocres de Provence. Avec le temps, la lumière et l'érosion, la couleur de la pierre vire du jaune au rouge vif sur ces gisements qui s'étendent sur plus de 25 kilomètres.

Villages colorés

Entre Fayence et Bargemon,
en lisière du plateau
de Canjuers, Seillans est
l'un des fleurons du haut Var.
S'étageant dans la colline,
ses hautes façades dorées
aux toits rouges se serrent
les unes contre les autres.
De cet ancien prieuré subsistent
de nombreuses fortifications
médiévales irriguées par un
dédale de passages et de
petites places ombragées.

[Double page précédente, ci-dessous et ci-contre] L'église d'Ainhoa domine son village au milieu de collines verdoyantes. Tout près de la frontière espagnole, Ainhoa (Pyrénées-Atlantiques) affirme son identité basque au travers de son fronton de pelote, les stèles discoïdales de son cimetière et surtout de ses larges maisons blanchies à la chaux avec poutres, volets et balcons colorés de bleu, de gris ou de vermillon.

452

Depuis 1312, La Bastide-Clairence (Pyrénées-Atlantiques)
domine la frontière nord de la Navarre dans la vallée
de la Joyeuse, à une vingtaine de kilomètres à l'est de Bayonne.
Alliant le style du Labourd et du Pays basque, les rues offrent
une luxuriante polychromie, avec, en prime, une église romane.

Au pied de la mythique montagne basque de la Rhune (900 m), Sare (Pyrénées-Atlantiques) se trouve au milieu des collines pastorales du pays des palombes. Auberges, arcades, volets et linteaux, le plus souvent de couleur sanguine, encadrent l'église aux trois niveaux de galeries abritant des retables baroques.

456

Villages colorés

Alba (Ardèche) est placé dans une plaine de vignes et de lavande, entre les plateaux des Gras et du Coiron. Son origine romaine est attestée par des mosaïques et un théâtre antique. Mais la principale particularité réside dans la lave noire dont sont bâtis les vénérables demeures médiévales et le puissant château perché sur son volcan.

Index

Cet index répertorie
les villages cités dans
les légendes des photos.

Dans la collection 1 001 photos :

L'Égypte	Les Fleurs
Les Animaux de la ferme	Le Football
Les Avions	La Mer
Les Bébés animaux	Les Merveilles du monde
Les Chats	Paris
Les Chevaux	Le Rugby
Les Chiens	Les Trains
Le Cyclisme	Les Voitures de rêve

Achevé d'imprimer en mai 2008
Imprimé en Chine

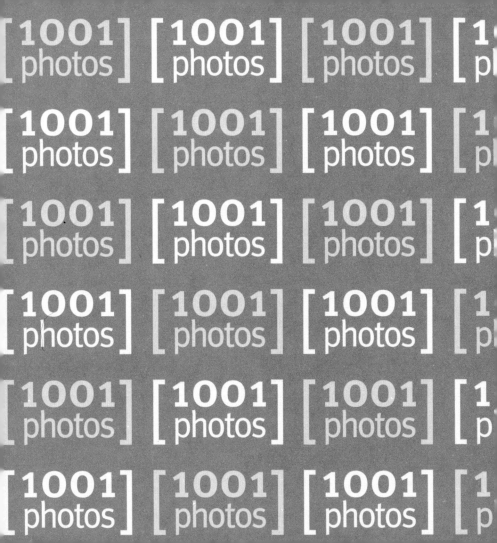